AGRESIONES SEXUALES

Un enfoque psicosocial para el análisis del comportamiento criminal

AGRESIONES SEXUALES

Un enfoque psicosocial para el análisis del comportamiento criminal

HERIBERTO JANOSCH GONZÁLEZ
FRANCISCO PÉREZ-FERNÁNDEZ

Este libro ha sido sometido a evaluación por parte de nuestro Consejo Editorial
Para mayor información, véase *www.dykinson.com/quienes_somos*

©Copyright by Heriberto Janosch González y Francisco Pérez-Fernández
Diseño de portada: Francisco Pérez-Fernández
Madrid, 2026

Editorial DYKINSON, S.L.
Meléndez Valdés, 61 - 28015 Madrid
Teléfono (+34) 915442846 - (+34) 915442869
e-mail: info@dykinson.com
http://www.dykinson.es
http://www.dykinson.com

ISBN: 979-13-7047-039-5
Depósito Legal: M-4580-2026
DOI: https://doi.org/10.14679/4683

Preimpresión:
New Garamond Diseño y Maquetación, S.L.

AGRADECIMIENTOS

Los autores desean enviar un especial agradecimiento a las siguientes personas (e instituciones), tanto por el apoyo que nos han prestado, como por su dedicación, cariño y entrega a lo largo del tiempo que ha tardado en culminarse esta monografía.

A David de Matías Batalla (Vicerrector de Investigación, UNIE Universidad), Marta Rodríguez García (Decana Facultad de Ciencias de la Salud, UNIE Universidad), Francisco Marhuenda García (Decano de la Facultad de Ciencias Jurídicas y Relaciones Internacionales, UNIE Universidad), Silvia Herrero Roldán (Vicedana de Psicología, UNIE Universidad), Francisco López Muñoz (Vicerrector de Investigación, Ciencia y Doctorado, Universidad Camilo José Cela), Enrique López López (Magistrado de la Audiencia Nacional de España), María Popiuc (Universidad Camilo José Cela), Diana Nut (Universidad Camilo José Cela), y Miguel Marset Martínez (Universidad Camilo José Cela).

Un agradecimiento muy especial para Alfonso Serrano-Maíllo (Catedrático del Departamento de Derecho Penal y Criminología de la UNED), quien no solo nos honra con su prólogo, sino que también ha sido, con su trabajo, una fuente de inspiración.

Esta monografía sobre agresiones sexuales ha sido financiada por el Proyecto "Agresiones Sexuales Perpetradas con o sin Homicidio" del Grupo de Investigación "Comportamientos Delictivos Graves" (CDG) de UNIE Universidad. Nuestro agradecimiento especial también, pues sin el adecuado apoyo económico el conocimiento no puede avanzar.

ÍNDICE

PRÓLOGO

Alfonso Serrano Maíllo
Catedrático del Departamento de Derecho penal y Criminología,
UNED

Considero un honor que mis colegas, los profesores, Heriberto Ja-nosch González y Francisco Pérez-Fernández hayan pensado en mí para redactar un prólogo para su última monografía, que versa sobre un delito que tanta atención despierta como las agresiones sexuales. La presente monografía ofrece un tratamiento criminológico riguro-so y en profundidad que es justamente lo que se necesita no sólo para una correcta comprensión del fenómeno, sino para implementar me-didas de control y prevención prometedoras. Los autores hacen gala en la misma de la solvencia científica que les caracteriza. El doctor Ja-nosch González es profesor en la Universidad UNIE y destaca por sus sofisticadas investigaciones empíricas sólidamente sustentadas por teoría criminológica, como en su importante libro *Agresiones sexuales cometidas por desconocidos: una investigación empírica,* que se ha conver-tido en una referencia para la disciplina, por no mencionar muchos otros artículos y capítulos de libro aparecidos en la revistas y edito-riales de prestigio. También cabe resaltar su labor como comentarista y defensor de la obra de su maestro y amigo Mario Bunge, uno de los principales filósofos de la segunda mitad del siglo XX. El profesor Janosch es Investigador Principal del Grupo "Comportamientos Delictivos Graves" y del Proyecto de Investigación "Agresiones Sexuales Perpetradas con o sin Homicidio" de UNIE Universidad. Por su parte, el doctor Francisco Pérez-Fernández se desempeña como profesor en la Universidad Camilo José Cela, es miembro numerario de la American Psychological Association (APA) y editor jefe de la revista *EduPsykhé. Revista de Psicología y Educación*, con una obra escrita también ingente que abarca más de cien artículos científicos y varios libros de investigación.

La monografía que aquí prologo está dividida en tres partes. La primera ofrece una revisión de la literatura en la que tienen una fuerte presencia investigaciones de los profesores Janosch González y Pérez-Fernández. Se emplean herramientas analíticas avanzadas como el escalamiento multidimensional o la regresión y se distinguen dos constelaciones de estudios. En el primero de ellos, elaborado a partir de decisiones judiciales, destaca la propuesta de tipologías tanto de patrones de conducta sexual como de delincuentes, sin olvidar otros objetivos, por ejemplo, de tipo descriptivo. Así, los autores proponen diversas taxonomías de agresores sexuales. En una de ellas distinguen cuatro tipologías: los versátiles (18%), los autores con un perfil planificador y tecnificado (60%), los oportunistas (13%) y los agresores con un perfil patológico y especializado (9%). En otros trabajos, la clasificación se reduce a tres categorías —los impulsivos, los versátiles, y los planificadores—, mientras que en una tercera propuesta se identifican también tres tipos de autores: la primera tipología, de carácter no planificador, comprende a aquellos cuyos ataques son interrumpidos rápidamente, ya sea por la resistencia de la víctima o por la intervención de terceros; la segunda tipología, de perfil planificador, incluye a los agresores que establecen contacto con la víctima mediante engaños o a través de internet, que suelen utilizar vehículos, actúan preferentemente los fines de semana y presentan antecedentes judiciales; y, finalmente, la tercera tipología, de naturaleza oportunista, agrupa a quienes actúan de noche y emplean armas, combinan la violencia sexual con el robo y presentan trayectorias delictivas previas y versátiles, generalmente asociadas a robos y conductas violentas. Otra categoría más o menos independiente que también encuentra respaldo en la literatura tiene un carácter dinámico: agresores desconocidos que actúan en entornos urbanos concretos y que muestran una tendencia a la serialidad.

La segunda constelación emplea datos procedentes de encuesta e identifica variables relacionadas con las agresiones sexuales como la moralidad o el autocontrol bajos, ambas variables derivadas de teorías criminológicas importantes con amplio respaldo empírico. Puesto que estas dos explicaciones aspiran a un ámbito amplio que abarque a todos los tipos de delincuentes y delitos, es interesante reflexionar sobre la integración de ambos enfoques, general y tipológico, en el bien entendido que, en igualdad de condiciones, el primero es superior al segundo por ser más fácilmente refutable, o sea por tener más contenido empírico. La construcción de tipologías no solo ha sido muy importante en Criminología, sino que en la actualidad ha revitalizado a partir de los estudios de trayectorias, con hallazgos que a menudo oscilan entre las tres y las seis. El trabajo de Janosch y Pérez Fernández es ciertamente relevante para esta importante cuestión, que tiene importantes consecuencias teóricas y empíricas.

La segunda parte está compuesta por el contraste de la hipótesis (alternativa) de que el gusto por la pornografía degradante favorece la agresión sexual estimada mediante una batería de ítems que incluyen "Besaste a una mujer contra su voluntad", "Colocaste tu mano sobre el muslo o la entrepierna de una mujer contra su voluntad", o "Tomaste de la mano a una mujer contra su voluntad". Es una buena práctica que se incluya el cuestionario, al tiempo que es necesario conocer los principales descriptivos de las variables empleadas. Mediante análisis de vías de ajuste excelente, los autores muestran pruebas favorables para su conjetura, al tiempo que la moralidad y el autocontrol bajos despliegan sus efectos sobre el gusto de la pornografía degradante a través de la masculinidad hostil, que media completamente su impacto. La conjetura de referencia ha sido habitualmente analizada en el marco de la teoría del aprendizaje social, aunque también encaja en lo que Albert Cohen llamaba la vieja teoría. Los análisis de vías son una herramienta muy sofisticada que debe estar basada de modo muy firme en teoría. Su principal dificultad reside en calcular la potencia estadística para todo el modelo, siendo el caso que la hipótesis nula es el buen ajuste de éste.

En la tercera y última parte se vuelve a utilizar información procedente de decisiones judiciales y cuenta con un despliegue metodológico muy avanzado para contrastar la hipótesis de que tanto el plano situacional como el individual son relevantes para la explicación de las agresiones sexuales. Este es un postulado de la teoría de la acción situacional que van compartiendo más enfoques criminológicos. Esto no es sorprendente puesto que los autores son grandes conocedores de esta tesis, a cuyo testeo y desarrollo han dedicado importantes esfuerzos. A mi juicio, sin embargo, es difícil separar ambos planos ya que una situación puede ser criminógena precisamente a causa de la presencia de individuos con tendencias criminales; al tiempo que quien carece de ellas evitará —incluso tomando medidas activas— encontrarse en una de aquéllas. Esta postura entiendo que es más próxima a la tradición del control social en la que trabajo.

La presente monografía es una importante contribución a la Criminología en general y a la de habla hispana en particular, ámbito en el que es particularmente necesario contar con investigaciones de calidad. La Criminología ha sido y sigue siendo un saber subyugado entre nosotros, sobre todo la llamada Criminología positiva mayoritaria en que se inscribe este libro, la cual emplea el método científico para el estudio del delito. Esto es una paradoja y pone en cuestión el dominio del neoliberalismo en nuestras ciencias sociales.

El presente trabajo de Janosch González y Pérez-Fernández constituye un avance en la explicación de las agresiones sexuales, una alternativa a enfoques de control y prevención basados en ideología antes que en teoría y hechos conocidos sobre el crimen, y un aliciente para todos los que trabajamos en este campo en los países de habla hispana y aspiramos a una disciplina de excelencia.

Madrid, 15 de octubre de 2025

INTRODUCCIÓN

Las agresiones sexuales cometidas por desconocidos constituyen un desafío criminológico de primera magnitud tanto en España como en el conjunto de los países occidentales. Es conocido que este tipo de delitos, por sus particularidades victimales, investigativas y sociales, no sólo tienen un abordaje policial y criminológico complejo, sino que también suscitan una alarma pública mucho más intensa que otras formas de criminalidad violenta. Los delitos sexuales, en general, siempre suponen una fuente de intensas controversias políticas, judiciales y sociológicas, agravadas por el hecho de que, sea cual fuere su tipología, se trata de formas delictivas especialmente llamativas y "apetecibles" para la difusión mediática a todos los niveles: radio, televisión, prensa, redes sociales, blogs y etcétera. Ello motiva que, con total independencia de los datos de incidencia y prevalencia, y más allá de la eficiencia probada en números de las políticas criminales, medios policiales, resoluciones judiciales o estrategias penitenciarias, sean siempre un campo abonado para el sensacionalismo, el bulo, el miedo o la exageración. Tiene pleno sentido cuando se asume que la sexualidad, sus manifestaciones y sus problemáticas, todavía son en nuestra cultura territorios harto proclives a la persistencia del tabú ético-moral y, en consecuencia, a una psicoeducación ciudadana deficiente (Fairbairn, 2015).

Muy a menudo, la ausencia de un vínculo previo entre la víctima y el victimario, siempre complicada en lo tocante a la resolución de cualquier forma delictiva, pero central en la materia que nos ocupa, genera dificultades añadidas en los procesos de esclarecimiento policial y judicial, lo que tiende a incrementar las llamadas *cifra negra* y *cifra gris* y, en consecuencia, conduce a la consabida sensación general de impunidad entre la opinión pública que reflejan las encuestas de victimización (Zumba-Romero & Soria-Carpio, 2023). Es cierto que, según las estadísticas oficiales, los delitos contra la libertad sexual han experimentado un aumento no exagerado, pero sí sostenido, en los últimos años, especialmente entre los sectores más jóvenes de la población y en lo tocante a agresiones sexuales cometidas por personas conocidas de la víctima. No obstante cabe significar que el análisis detallado de los contextos y de los perfiles de ofensores muestra que los fenómenos asociados a las agresiones sexuales cometidas por desconocidos presentan dinámicas propias que requieren ser abordadas con herramientas analíticas específicas (Janosch, Pérez-Fernández, Nut & Marset, 2023).

El estudio de estas conductas exige, además, integrar dos planos analíticos que en demasiadas ocasiones se han trabajado por separado: de un lado, el llamado "plano ambiental", que pone el foco en los contextos en los que se producen los delitos, los patrones del modus operandi y las características de la escena del crimen. De otro lado, el denominado "plano individual", que atiende a los factores psicológicos, morales y de personalidad que predisponen al sujeto hacia la transgresión sexual. Y parece claro que la Teoría de la Acción Situacional (TAS o SAT, en su nomenclatura inglesa) se presenta en este contexto como un marco idóneo para realizar esta integración, al considerar simultáneamente las condiciones externas y los procesos internos que interactúan en el momento de la acción criminal por parte del ofensor, en el "plano situacional" (Pérez-Fernández & Janosch, 2025). El hecho es que, atendiendo a esta necesidad, la presente monografía expondrá dos estudios: el primero de ellos se ha titulado, genéricamente, *Comportamientos de agresión sexual en España:*

la masculinidad hostil y el gusto por la pornografía degradante de la mujer. El segundo se encabeza como *El impacto de la densidad poblacional en los patrones contextuales de la agresión sexual por parte de desconocidos*. Previamente a la presentación de ambos, sin embargo, será de rigor ofrecer un resumen general del contexto de investigación previo a partir del cual adquieren sentido los trabajos aquí presentados. A ello se dedicará la primera parte de esta monografía. Con ello no sólo quedarán adecuadamente contextualizados, sino que el lector/a potencial podrá valorar con mayor eficacia las propuestas que se ofrecen.

Acerca de las estadísticas españolas sobre delito sexual

La queja generalizada entre científicos y académicos acerca de las estadísticas oficiales españolas sobre el delito en general, en realidad una queja extensible a la mayoría de las estadísticas oficiales internacionales —especialmente en lo referente a su calidad metodológica, cobertura territorial, claridad conceptual y utilidad para la investigación y formulación de políticas públicas eficaces—, es ya un clásico infinidad de veces pormenorizado y analizado y en el que, por lo tanto, no nos detendremos ahora (González Rus, 2019; Ballesteros Doncel & Blanco Moreno, 2021). Lo cierto, y debe significarse, es que tales estadísticas no se recaban expresamente para fines de investigación científica, sino para propósitos de análisis y valoración institucional muy concretos. En consecuencia, mucha de la información que aportan es poco útil a los propósitos de la ciencia más allá de su matizable valor descriptivo y coyuntural y suelen requerir de muchas transformaciones para poder resultar operativos al investigador. No obstante, y en el contexto de una obra como esta, tiene sentido recurrir a ellos para ofrecer al menos la "foto fija" que aportan las estadísticas oficiales acerca de la problemática general de la agresión sexual en nuestro país, a fin de centrar y aquilatar algunas de las ideas que luego se irán desarrollando.

En el año 2023, según el Instituto Nacional de Estadística (INE), se registraron 3.468 delitos sexuales cometidos por adultos —un 9,6%

menos que en 2022— y otros 500 cometidos por menores —un 21,4%
menos— que en el año precedente. Del mismo modo, fueron condenados 2.867 adultos y 424 menores —un 97% de todos ellos fueron de
sexo masculino, con lo cual es evidente que este tipo delictivo continúa
siendo patrimonio prácticamente exclusivo del varón—. La tipología
de los delitos condenados, siempre según el INE, fue la que sigue[1]:

- Agresiones sexuales: 676 (30 violaciones).

- Abusos sexuales: 996 contra adultos, 839 contra menores.

- Otros delitos: acoso sexual, exhibicionismo, prostitución y corrupción de menores.

El Consejo General del Poder Judicial (CGPJ), por su parte, no pu-
blica directamente el número de denuncias, ya sea por delitos sexuales
o cualquier otro tipo delictivo, en sus estadísticas judiciales, pues éstas
se recogen tanto por el Ministerio del Interior como por el INE. En consecuencia, el CGPJ se centra en las condenas firmes —anteriormente
detalladas—, de modo que tampoco incluyen los procesos en curso ni
las denuncias archivas y el motivo por el que se archivaron, hecho que
a nuestro parecer supone escamotear a la sociedad una información
que podría resultar relevante analizar con detalle. Las estadísticas específicamente referidas a delincuentes sexuales son publicadas por el
CGPJ a través del Registro Central de Delincuentes Sexuales, que incluye el número de personas condenadas por delitos sexuales; el tipo
de delitos cometidos —agresión sexual, abuso sexual, acoso, exhibicionismo, corrupción de menores y etcétera—; las penas impuestas en

---

[1]   Toda esta información, recabada a 17 de octubre del 2025, puede
consultarse en la web del INE: https://ine.es/jaxiT3/Tabla.htm?t=28750.
Cabe aclarar que el dato de condenas, en sí mismo, puede resultar engañoso
por cuanto procede de las estadísticas del CGPJ y no registra, con exactitud,
ni el número de denuncias ni otra información alternativa. Por lo demás, tales
condenas pueden proceder de procedimientos abiertos —o denunciados—
en ejercicios anteriores.

cada caso —prisión, inhabilitación, libertad vigilada y etcétera—; y el perfil sociodemográfico de los condenados[2].

Atendiendo al *Balance de la Criminalidad* que presenta el Ministerio del Interior, se informa que en el primer trimestre de 2025, se registraron 4.760 delitos sexuales, un 3,8% más que en el mismo periodo de 2024. De ellos, 1.242 fueron violaciones, lo cual equivale a un 7,6% más[3]. Por lo demás, son las comunidades autónomas de Cataluña y de Madrid las que lideran el número de casos. Sea como fuere, los aspectos críticos que aportan las fuentes ministeriales en torno a la evolución del problema de las agresiones sexuales son los que se enuncian a continuación:

- Incremento sostenido de delitos sexuales desde 2016, salvo en 2020 por motivo de la pandemia.

- Alta reincidencia en algunos perfiles, si bien parece que programas penitenciarios como el de *Control de la Agresión Sexual* han mostrado cierto grado de eficacia al reducir un 14,1% la reincidencia.

- Desigualdad territorial acusada en los delitos registrados, siendo en Cataluña y Madrid donde se concentran los mayores índices.

- Persistencia de subregistro y falta de denuncia, pues muchas víctimas aún no denuncian por diferentes motivos, lo cual distorsiona las cifras reales.

---

[2]   Pueden consultarse en: https://www.poderjudicial.es/cgpj/es/Temas/Estadistica-Judicial/Estadistica-por-temas/Datos-penales--civiles-y-laborales/Delitos-y-condenas/Delincuentes-Sexuales--explotacion-estadistica-del-Registro-Central-de-Delincuentes-Sexuales-/, recogido en octubre del 2025. Véase también, por cierto, la nota 1.

[3]   Disponible en: https://interior.gob.es/opencms/export/sites/default/.galleries/galeria-de-prensa/documentos-y-multimedia/balances-e-informes/2025/Balance-de-Criminalidad-Primer_Trimestre-2025.pdf. Consultado en octubre de 2025.

La figura 1 establece una comparativa general, a partir de la información aportada por el CGPJ y el Ministerio del Interior, de la evolución sufrida por las denuncias y las condenas por agresión sexual entre los años 2019 y 2023, pues es el periodo más reciente en el que es posible superponer los datos. Esto permitirá al lector hacerse una idea aproximada de la magnitud y alcance real de la problemática que aquí nos ocupa.

Figura 1.
Delitos sexuales en España (2019-2023). Denuncias frente a condenas

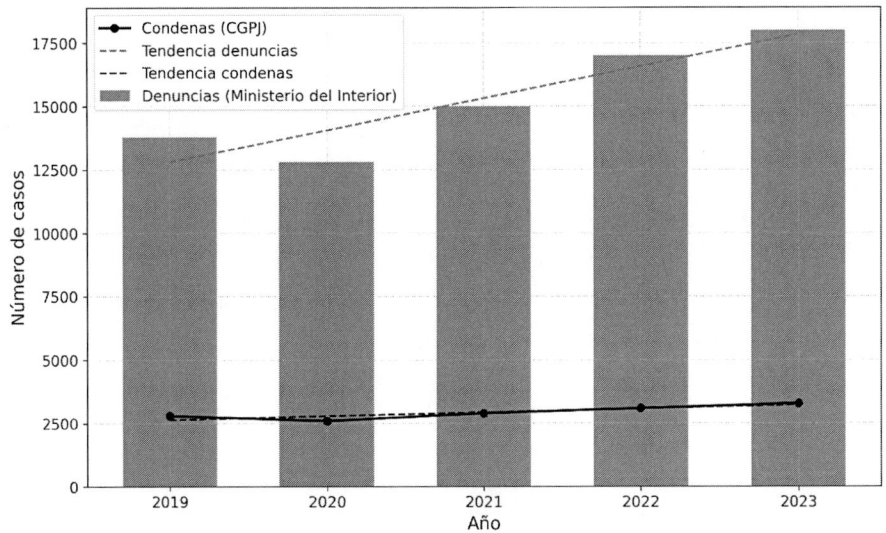

El interés básico de detenernos en el enunciado genérico de toda esta información, que por otro lado es pública, sobradamente conocida y accesible a cualquier persona interesada, reside, precisamente, en mostrar hasta qué punto puede resultar confusa cuando no se entra en detalles ni se analizan rigurosamente las variables intervinientes en los procesos, tarea que debe abordar precisamente la Criminología científica. De hecho, estas estadísticas apenas si permiten penetrar en el fondo del problema por cuanto se limitan a ofrecer una fotografía excesivamente amplia y estática que poco aporta de cara al análisis, comprensión y evaluación de éste más allá de imprecisas formulaciones generales. La impresión, pues, que arrojan estos datos es que podrían tener un valor como elemento destinado a la planificación institucional, pero sirven de poco para la comprensión de los problemas criminales subyacentes. Un hecho que pone de manifiesto la relevancia e interés de abordajes como el que aquí se propone y que, creemos, aportan nueva luz epistémica y metodológica para la investigación criminológica española.

CAPÍTULO 1

Punto de partida

Se debe comenzar significando que las seis investigaciones previas que han servido como punto de arranque para las dos propuestas que aquí se realizan, y que constituyen su marco epistemológico general, abordan las agresiones sexuales desde las perspectivas complementarias que aquí nos ocupan: la situacional y la individual. Metodológicamente, tales estudios se bifurcaron en dos perspectivas. Primeramente, hubo un abordaje del tema de las agresiones sexuales cometidas por desconocidos basado en el análisis de sentencias judiciales. La razón de ello es que este tipo de examen cualitativo permite observar la distribución de las agresiones, generar posibles enfoques tipológicos y aproximarse a las características de los agresores sexuales desconocidos en España. Por lo demás, en ellos se prestó especial atención a sentencias emitidas en la Comunidad de Madrid, que finalmente se comparó con la provincia de Barcelona (Janosch, Pérez-Fernández & Herrero, 2024; Pérez-Fernández, Janosch, López & López, 2025).

El segundo bloque de trabajos adoptó un enfoque de corte psicológico y criminológico. Así, partiendo de encuestas efectuadas sobre población masculina, se evidenció cómo y en qué medida variables tales como el autocontrol, la moralidad personal y el sexo impersonal se relacionaban con los comportamientos de agresión sexual (Pérez-Fernández, Janosch & Popiuc, 2023; Janosch, Pérez-Fernández & Popiuc, 2024; Janosch, Pérez-Fernández, Popiuc & López-Muñoz, 2024).

Finalmente, se tratará de integrar ambas líneas de resultados, subrayando su complementariedad teórica y práctica, para avanzar en la comprensión del fenómeno de las agresiones sexuales cometidas por desconocidos y, con ello, dejar establecidas las bases de las nuevas propuestas que esta monografía propone.

1.1. Análisis de los estudios basados en sentencias judiciales

Como se ha comentado, el primer grupo de investigaciones partió del análisis de resoluciones judiciales emitidas por las Audiencias Provinciales y recopiladas en la base de datos del CENDOJ[4]. Este enfoque se apoya en la riqueza descriptiva de las sentencias condenatorias, que permiten reconstruir y categorizar meticulosamente no solo los hechos delictivos en sí, sino también las características de los agresores, de las víctimas y de las escenas del crimen.

1.1.1. *Estudio preliminar de ámbito nacional*

A nivel nacional, Janosch, Pérez-Fernández, Nut y Marset (2023) recopilaron 176 casos de asaltos sexuales cometidos por desconocidos para la víctima en España. Mediante un análisis de escalamiento multidimensional —EMD—, propusieron una tipología preliminar que distinguía entre varios patrones de conducta sexual y no sexual de los ofensores, así como diferentes variables situacionales de relevancia criminológica. Este trabajo fue pionero en tanto que no existía hasta entonces una base sistemática de casos de agresiones sexuales cometidas por desconocidos en España, y ha supuesto un punto de

---

[4]   Centro de Documentación Judicial del Consejo General del Poder Judicial (CGPJ): https://www.poderjudicial.es/cgpj/es/Temas/Centro-de-Documentacion-Judicial--CENDOJ-/

partida para ulteriores investigaciones al poner a disposición de la comunidad académica un conjunto de datos replicable y ampliable. El artículo examinó los asaltos sexuales cometidos por desconocidos en España en un esfuerzo por superar la falta de bases de datos oficiales útiles para la investigación criminológica. Los autores partieron de la constatación de que los registros públicos respondían más a fines administrativos que científicos, lo que obligaba a los investigadores a recurrir a fuentes primarias como las sentencias judiciales. A partir de ellas, se construyó una base de datos sistemática que reunió 176 casos de asaltos sexuales perpetrados por hombres desconocidos para las víctimas, todas ellas mujeres de 16 años o más. Este material, que constituye la versión 1.0 de la base de datos, se ofrece de manera abierta a la comunidad académica con el propósito de fomentar la colaboración, la corrección y su futura ampliación.

El objetivo fundamental del estudio descrito es doble: por un lado, poner a disposición de la investigación criminológica española un corpus homogéneo de casos que permita examinar patrones de conducta de los asaltantes sexuales y, por otro, presentar los primeros resultados descriptivos junto con una tipología preliminar basada en un análisis EMD. En este sentido, la propuesta metodológica se apoyaba en una tradición teórica consolidada que sostiene que las conductas observadas en la escena del crimen constituyen indicadores válidos para establecer regularidades y distinguir perfiles de delincuentes. Esta perspectiva se ha venido nutriendo de estudios internacionales que han mostrado la utilidad de los modelos de tipificación conductual en agresores sexuales, especialmente en el ámbito de los delitos cometidos por desconocidos. No obstante, los autores reconocen las limitaciones del contexto español, tanto en lo tocante al acceso a datos como en todo lo relacionado con la homogeneidad de las codificaciones oficiales, hecho que refuerza la importancia de su iniciativa.

El procedimiento metodológico que implicó este trabajo pionero fue minucioso. Tras revisar un gran volumen de sentencias, se seleccionaron aquellas que cumplían criterios de inclusión muy precisos: se trataba de agresores masculinos desconocidos para la víctima al menos en las 24 horas previas al hecho, que actuaban en solitario y que cometían asaltos sexuales definidos como penetraciones consumadas o intentadas, ya fuera por vía vaginal, anal o bucal, con pene, dedos u objetos. La víctima, siempre mujer, debía tener dieciséis años o más en el momento en que se cometió el asalto. Una vez definidos los casos, se codificaron múltiples variables que recogían información sobre los agresores —edad, nacionalidad, antecedentes judiciales y psiquiátricos—, sobre las víctimas —edad y nacionalidad cuando constaban—, sobre las circunstancias situacionales —resistencia de la víctima, presencia de testigos, interrupción del asalto, consumo de alcohol o drogas por parte del agresor—, sobre las conductas sexuales y no sexuales desplegadas durante la agresión —desde el tipo de penetración hasta el uso de armas, engaños, vehículos, robos o contactos previos vía internet—, y finalmente otras variables contextuales como la provincia y la hora del hecho. Sobre la base de datos así constituida se aplicó un análisis estadístico doble: el descriptivo y el EMD.

La estadística descriptiva permitió ofrecer una radiografía inicial bastante clara del problema, pues los agresores tenían una edad media en torno a los 31 años, con un rango que iba desde los 17 hasta los 72. Más de un tercio eran españoles, seguidos por marroquíes y rumanos, mientras que los antecedentes judiciales eran poco frecuentes, si bien un 17% presentaba delitos previos no especificados y un 9% antecedentes psiquiátricos variables. Las víctimas, de las que se disponía del dato de edad en sólo un tercio de los casos, también presentaban una edad media cercana a los 31 años, con un rango amplio que alcanzaba hasta los 94 años. Territorialmente, más de la mitad de los casos se concentraban en seis provincias, destacando Madrid y Barcelona, que juntas representaban más del 40% de la muestra. Las circunstancias situacionales mostraron que en casi dos tercios de las agresiones la víctima se resistió, aunque solo en un tercio de ellos la agresión llegó a interrumpirse. Los agresores actuaron bajo los efectos de alcohol en torno al 12% de los casos y de drogas en un 10%. La penetración vaginal fue la modalidad más habitual (62%), seguida de la felación forzada (38%) y, en menor medida, la penetración anal

(13%) o digital (14%). No se registraron penetraciones con objetos. Entre las conductas no sexuales destacaron el engaño como forma de aproximación (52%) y el ataque sorpresivo (47%). Cerca de un 30% de los agresores utilizaron armas y uno de cada cinco robó dinero u otros bienes a la víctima. También se constató en un 10% de los casos la presencia de cierta conciencia forense —uso de preservativos, limpieza de rastros— y, aunque minoritarios, incluso aparecieron incidentes en los que el agresor recurrió a sumisión química o al contacto previo a través de redes sociales (Tabla 1).

Tabla 1.
Resumen de datos descriptivos del estudio 1

Edad media agresores	31 años
Rango edad agresores	17 - 72 años
Antecedentes judiciales	17% (no especificados)
Antecedentes psiquiátricos	9% (variables)
Edad media víctimas	31 años
Resistencia de víctimas	2 de cada 3 casos
Interrupción de agresión	1 de cada 3 casos
Alcohol (agresores)	12%
Drogas (agresores)	10%
Modalidades sexuales	Vaginal (62%) Felación (38%) Anal (13%) Digital (14%)
Aproximación (agresor)	Engaño (52%) Ataque sorpresivo (47%)
Uso de armas	30%
Robo a la víctima	20%
Conocimientos forenses	10%

El segundo momento del análisis consistió en la aplicación del EMD, que permitió representar gráficamente las asociaciones entre conductas y extraer una tipología preliminar de cuatro perfiles:

- El tipo I, que representaba alrededor del 18% de los casos, se caracterizaba por el uso de armas, ataques sorpresivos, consumo de drogas, posibles técnicas de sumisión química y conocimientos forenses, junto con conductas de robo tanto de objetos materiales como personales. Se trataba de agresores versátiles, con antecedentes por robo u otras formas de violencia no sexual.

- El tipo II, mayoritario, con más de la mitad de los casos registrados, era un perfil más planificador y especializado, donde predominaban los contactos a través de internet o mediante engaños, agresiones en fines de semana y penetraciones vaginales. Sus víctimas solían defenderse a gritos que solían atraer la presencia de terceros.

- El tipo III, en torno al 13% de los casos, agrupaba agresiones nocturnas en las que el agresor se desplazaba en vehículo y realizaba intentos de penetración de distinto tipo, con resistencia intensa por parte de la víctima y una frecuente interrupción de la agresión. Se interpretaba como un perfil oportunista, con escasa planificación y antecedentes judiciales no especificados.

- El tipo IV, que representaba un 9% de los casos, correspondía a agresores bajo los efectos del alcohol, con capacidades disminuidas y antecedentes psiquiátricos o sexuales previos, lo que sugería un perfil patológico y especializado.

- Por lo demás, se identificaron algunos casos minoritarios de tipo híbrido o mixto que combinaban características de los tipos II y III, o bien de los tipos II y IV.

La discusión del estudio así realizado resaltaba el valor de contar con una herramienta homogénea y colaborativa que permitiera a la criminología española avanzar en el estudio de un fenómeno difícil de aprehender con los datos oficiales tomados "en bruto". La tipología encontrada, por lo demás, guarda paralelismos significativos con otras clasificaciones internacionales, como las de Beauregard y Proulx (2002), que distinguen entre agresores *oportunistas*, *hostiles*, *compensatorios* y *sádicos*, si bien en España el último tipo parece poco frecuente. Lo novedoso del estudio, en general, es la identificación de un tipo asociado al uso sistemático de Internet, lo que refleja la adaptación de los agresores a las transformaciones tecnológicas y a las formas de relación propias de la era digital.

Este primer trabajo concluía sosteniendo que se abría un camino prometedor para la investigación y la prevención en la medida que la base de datos no solo aportaba información empírica valiosa, sino que también ofrecía un marco colaborativo capaz de superar la dispersión y la heterogeneidad de las fuentes oficiales. En todo caso, parece comprobado que esta tipología preliminar, aún sin pretensión de universalidad, muestra que es posible detectar patrones diferenciados de conducta en los asaltos sexuales cometidos por desconocidos, lo que tiene implicaciones para la investigación policial, la elaboración de perfiles criminológicos y el diseño de estrategias de prevención y planes de rehabilitación. Al mismo tiempo, se insiste en la necesidad de ampliar la base con más casos y variables, corregir errores y mantener su actualización, de modo que se consolide como un recurso científico abierto, útil y dinámico.

1.1.2. *Estudio sobre la Comunidad Madrid*

Janosch, Pérez-Fernández y Herrero (2024) llevaron a continuación un análisis más focalizado, tomando en consideración sentencias de la Audiencia Provincial de Madrid. El trabajo puso de relieve que los agresores desconocidos actúan habitualmente en entornos urbanos concretos —portales de edificios, garajes o espacios residenciales—

y que muestran una peligrosa tendencia hacia la serialidad cuando no son detenidos con prontitud. Los hallazgos subrayaron que la explicación de estas conductas no puede reducirse a diagnósticos psiquiátricos, sino que deben tener en cuenta variables socioculturales, vitales y de oportunidad delictiva.

El trabajo se centraba en el análisis de las agresiones sexuales cometidas por varones desconocidos para la víctima en la Comunidad de Madrid, un fenómeno con gran relevancia criminológica y operativa dado que constituye uno de los retos más complejos para las fuerzas de seguridad. El objetivo central fue describir y tipificar las características, tanto de los agresores como de las víctimas y de las escenas del crimen, con el fin de generar patrones que sirvieran de apoyo al esclarecimiento de casos y a la construcción de perfiles criminales útiles en la investigación policial. Para ello se adoptaba un enfoque metodológico en línea con estudios previos sobre perfilación criminal —análisis de conducta—, pero centrado de manera específica en la realidad madrileña.

En cuanto al marco teórico, se tomaba como referencia la literatura internacional sobre agresores sexuales desconocidos, en particular los trabajos que han clasificado las escenas de crimen en temáticas de *hostilidad*, *robo* o *falsa intimidad*, así como los que han explorado las motivaciones —*oportunista*, *compensatoria*, *sádica*, *poder-control* y *enfado*—. De este modo, el artículo se concebía con la voluntad de integrar también la Teoría de la Acción Situacional —TAS—, que enfatiza que factores estáticos como la nacionalidad no son causas de la delincuencia en sí misma, sino que deben interpretarse junto con variables contextuales como pobreza, educación, socialización en ambientes criminógenos o consumo de sustancias. De este modo, el estudio buscaba evitar interpretaciones sesgadas y subrayaba que los patrones hallados deben entenderse siempre en clave criminológica y no ideológica.

La metodología del trabajo se fundamentó en el análisis de sentencias condenatorias disponibles en la base del CENDOJ, estableciéndose criterios de inclusión claros: se seleccionaron solo casos de agresiones sexuales cometidas en la Comunidad de Madrid, con víctimas mujeres mayores de 16 años, perpetradas por un único varón desconocido en un plazo de hasta 24 horas previas al contacto, y definidas jurídicamente como asaltos sexuales con penetración consumada o intentada. Tras filtrar y codificar la información, se trabajó con variables dicotómicas referentes a agresores, víctimas y circunstancias del hecho. Primero se efectuó un análisis descriptivo de frecuencias, y luego se aplicó un procedimiento de EMD con las variables de mayor representatividad (≥10% de presencia global) con la finalidad de identificar agrupaciones de conducta.

Los resultados descriptivos mostraron que los delitos se produjeron mayoritariamente en la vía pública (37%), en portales tras seguir a la víctima (24%) o en domicilios mediante engaños (21%). En menor proporción aparecieron escenarios como automóviles o salidas de discotecas. Se constató que solo un 2,6% de los agresores presentaba antecedentes psiquiátricos y apenas un 5,2% tenía antecedentes por delitos sexuales, aunque sí era más habitual hallar antecedentes por robo (13%) o violencia no sexual (10,5%). En la mitad de los casos los agresores actuaron mediante engaño, mientras que la otra mitad recurrió a la sorpresa, lo que evidencia la coexistencia de planificadores y oportunistas. El 23,7% utilizó armas y un 36,8% robó objetos de valor durante la agresión, aunque solo el 5,3% mostró conciencia forense o adoptó contramedidas. Respecto a la dinámica, en un 52,6% las víctimas ofrecieron resistencia y en un tercio de los casos aparecieron terceras personas que interrumpieron la agresión. El contacto digital o captación previa a través de internet fue minoritario (10,5%), lo que contrasta con la perspectiva algo exagerada de este asunto que suelen difundir los medios de comunicación. En términos sexuales, la penetración vaginal efectiva fue el acto predominante (76,3%), seguido por felaciones (34,2%) y, en menor medida, penetraciones anales (7,9%) (Tabla 2).

Tabla 2.
Resumen de resultados descriptivos del estudio 2

Lugar del delito	Vía pública (37%) Portales (24%) Domicilios (21%) Automóviles / Locales de ocio (18%)
Antecedentes psiquiátricos	2,6%
Reincidencia en delitos sexuales	5,2%
Antecedentes por robo	13%
Antecedentes por violencia no sexual	10,5%
Modo de aproximación	Engaño (50%) Sorpresa (50%)
Uso de armas	23,7%
Robo durante la agresión	36,8%
Conciencia forense / contramedidas	5,3%
Resistencia de la víctima	52,6%
Intervención de terceros	1 de cada 3 casos
Captación digital / Internet	10,5%
Modalidad sexual	Penetración vaginal (76,3%) Felación (34,2%) Penetración anal (7,9%)

El análisis mediante EMD permitió identificar tres tipologías locales de agresores que no deben confundirse con las tipologías descritas en el estudio nacional precedente:

- Tipo I (no planificador), caracterizado por ataques interrumpidos rápidamente por resistencia o intervención de terceros.

- Tipo II (planificador), que contacta a la víctima por engaños o internet, suele usar vehículos, actúa en fines de semana y presenta antecedentes judiciales.

- Tipo III (oportunista), que ataca de noche con armas, combina violencia sexual con robo y se asocia a trayectorias delictivas previas y versátiles generalmente vinculadas a robos y violencia.

Estos perfiles reflejan distintos grados de preparación, motivación y control situacional. En la discusión se subrayó que los hallazgos cuestionaban la imagen estereotipada del agresor sexual como enfermo mental o reincidente sexual compulsivo. Más bien, los datos apuntan a sujetos ocasionales, oportunistas y contextualmente influenciados, donde la impulsividad y la oportunidad pesaban más que la planificación sofisticada o un deseo sexual persistente y articulado. El contraste con investigaciones internacionales muestra coincidencias, como la asociación entre reincidencia y conductas más variadas —incluida la penetración anal—, pero también especificidades locales, como el rol relevante otorgado a los portales urbanos como escenario del delito. Finalmente, en las conclusiones se sostuvo que, pese a las limitaciones de la muestra y el nivel de detalle de las sentencias, que no siempre era el más deseable, el estudio aportaba evidencias sólidas para comprender mejor la fenomenología de los agresores sexuales desconocidos. Se destacaba que los perfiles obtenidos poseían valor operativo para las fuerzas de seguridad y permitían orientar líneas de investigación en casos sin esclarecer. Asimismo, se remarcó la necesidad de continuar investigando con muestras más amplias y diversas para consolidar tipologías y mejorar la capacidad predictiva del modelo.

1.1.3. Estudio comparativo Madrid-Barcelona

El tercer estudio, elaborado por Pérez-Fernández, Janosch, López y López-Muñoz (2025), introdujo un necesario enfoque comparativo entre Madrid y Barcelona que buscaba corroborar el valor del modelo propuesto por la TAS para el estudio de ecosistemas criminales, en el sentido de que tanto los niveles individuales como los ambientales deben ser tenidos en cuenta. El análisis, de hecho, evidenció como se esperaba que el ecosistema criminal condiciona sustancialmente la dinámica del delito: las características urbanísticas, sociales y culturales de cada ciudad y provincia influyeron en el modo en que los agresores seleccionaban a sus víctimas y en la forma en que estas reaccionaban a la agresión. El empleo de las ideas de la TAS permitió mostrar cómo los contextos concretos no son un simple telón de fondo, sino que modelan de manera activa las conductas de ofensores y víctimas.

El planteamiento teórico del estudio partió de la constatación de que este tipo de delitos suele provocar un enorme impacto social, mediático y jurídico, y que su análisis tiende a quedar reducido a generalidades teóricas, sin atender en detalle a los contextos específicos en los que se producen. De allí surge el objetivo central: mostrar cómo los entornos criminológicos en los que tienen lugar las agresiones sexuales condicionan tanto las acciones de los agresores como las de las víctimas, lo que, además de contribuir a la comprensión criminológica del fenómeno, puede servir como herramienta práctica para la investigación policial y el análisis de conducta aplicado.

La TAS, originalmente, fue formulada por el criminólogo sueco Per-Olof H. Wikström y sus colaboradores (2006, 2012). Esta teoría sostiene que el delito debe entenderse como una acción moral guiada por reglas de conducta que pueden quebrantarse en contextos concretos. Según la TAS, la interacción entre la propensión individual al crimen —normas morales internas, autocontrol, consumo de sustancias, estrés emocional, etcétera— y las características criminogénicas del escenario —moralidad percibida del ambiente, existencia de factores disuasorios, oportunidades situacionales— desencadena o frena la conducta criminal. Esto implica que un mismo individuo puede actuar de manera distinta según el contexto en que se encuentre. En consecuencia, no basta con analizar atributos personales como nacionalidad, religión o ideología para comprender el delito, pues es preciso atender al ecosistema situacional que estructura la conducta de las personas. El artículo incorporó también un apunte jurídico sobre la reciente Ley Orgánica 10/2022 —popularmente conocida como *Ley del solo sí es sí*—, que unificó las categorías de abuso y agresión sexual, modificando con ello la noción de consentimiento y las penas adheridas a este tipo delictual. Este hecho tuvo repercusiones en la interpretación estadística y en la percepción social del fenómeno de la violencia sexual que requieren de un análisis específico en el que aquí no se abundará, pues introduciría una disgresión que nos alejaría en exceso del objetivo central de este texto.

En cuanto a la hipótesis general se sostiene que, pese a que la legislación y su aplicación son las mismas en Madrid y Barcelona, las agresiones sexuales perpetradas en ambas provincias habrán de diferir significativamente, dado que se producen en contextos situacionales distintos, comenzando por el hecho de que ocurren bajo la influencia de estructuras policiales, sociales y penitenciarias particulares. La metodología del trabajo se basó en el análisis de 76 sentencias judiciales obtenidas del CENDOJ, que cumplían criterios de inclusión muy estrictos: 1) autor masculino desconocido para la víctima; 2) actuación en solitario; 3) víctima mujer de 16 años o más; y 4) calificación jurídica de asalto sexual con intento o consumación de penetración. El análisis se efectuó con el software estadístico R (versión 4.4.2), empleando librerías para escalamiento multidimensional, *clustering* y análisis de Procrustes.

Se codificaron variables relacionadas con antecedentes penales del agresor, características situacionales —resistencia de la víctima, gritos, interrupción, presencia de terceros, consumo de alcohol o drogas, disminución de capacidades—, conductas sexuales y no sexuales —tipos de penetración, engaño, sorpresa, uso de armas, robo, vehículos, sustracción de objetos con fines fetichistas—, además de otras circunstancias —horario nocturno, fines de semana, conocimientos forenses—. Los resultados mostraron diferencias notables entre ambas provincias. En Barcelona se detectó un mayor consumo de drogas (28,9% frente a 5,3% en Madrid) y un mayor uso de armas (47,4% frente a 23,7%). En cambio, en Madrid fue más frecuente la penetración vaginal (76,3% frente a 50%). Además, los agresores madrileños tendieron más al uso de engaños para aproximarse a la víctima (55,3%), mientras que en Barcelona predominó el ataque sorpresivo (63,2%). Las víctimas de Barcelona se resistieron en mayor proporción (60,5%

frente a 52,6%) y, en consecuencia, los ataques interrumpidos por factores externos fueron más frecuentes en Barcelona (34,2% frente a 28,9%). En cuanto a los antecedentes penales, en Barcelona hubo un porcentaje superior de agresores con condenas previas por delitos sexuales (13,2% frente a 5,3%) (Tabla 3).

Tabla 3.
Comparativa general entre las agresiones cometidas en Barcelona y Madrid

Indicador	Barcelona	Madrid
Consumo de drogas	28,9%	5,3%
Uso de armas	47,4%	23,7%
Penetración vaginal	50%	76,3%
Uso de engaños para aproximarse a la víctima	44,7%	55,3%
Ataque sorpresivo	63,2%	36,8%
Resistencia de la víctima	60,5%	52,6%
Interrupción del ataque por factores externos	34,2%	28,9%
Antecedentes penales por delitos sexuales	13,2%	5,3%

El análisis tipológico mediante *clustering K-Means* identificó tres perfiles en cada ciudad. En Madrid, surgieron:

a. El agresor impulsivo, con antecedentes, que actúa en la oscuridad y suele ser interrumpido.

b. El agresor versátil, bajo influencia de drogas, con intentos fallidos de penetración y motivación de robo.

c. El agresor planificador, con cierta conciencia forense, que usa armas, vehículos y coerción para obtener felaciones o penetraciones.

En Barcelona, los tipos fueron:

a. El ocasional con conciencia forense, consumidor de drogas y armas, con intentos de penetración.

b. El polidelincuente versátil, con antecedentes múltiples, que roba objetos fetichistas.

c. El ocasional recreativo, que opera de noche, en fines de semana, mediante engaños, pero con ataques interrumpidos por la resistencia de la víctima.

El análisis de Procrustes confirmó que las estructuras de Madrid y Barcelona eran comparables, pero distintas en orientación y escala, reforzando la hipótesis de la influencia situacional. En la discusión se subrayó que los hallazgos confirman la validez general de las tesis sugeridas desde el marco de la TAS: los mismos delitos, bajo el mismo marco jurídico, se manifiestan de forma distinta según el ecosistema criminógeno en el que se cometen. En Barcelona, la violencia instrumental —armas, drogas, ataques sorpresa— es más habitual, mientras que en Madrid predominan estrategias de manipulación y engaño. También se evidenció que las víctimas reaccionan de manera diferente según el contexto, lo que afecta la probabilidad de interrupción de la agresión. Se resalta, además, que estas diferencias no pueden explicarse por factores meramente personales del agresor, sino que derivan de la interacción entre propensión individual y escenario situacional.

Las conclusiones de este estudio señalan que es imprescindible adaptar las estrategias de prevención y respuesta policial a las características específicas de cada provincia. En Barcelona, resultaría clave reforzar los controles sobre drogas y armas, además de analizar con detalle los historiales criminales de los agresores potenciales. En Madrid, en cambio, y a la vista del marco general de las agresiones, se recomienda priorizar campañas de concienciación para que las mujeres reconozcan posibles tácticas de engaño y aislamiento. El estudio, en todo caso, evidencia la necesidad de superar los grandes marcos teóricos generalistas y apostar por análisis criminológicos situacionales concretos que permitan diseñar políticas de investigación, prevención y perfilación criminal más eficaces. En suma: esta clase de aproximación no solo puede contribuir a la mejora de la respuesta institucional, sino también al propio entendimiento académico de la violencia sexual ejercida por desconocidos.

1.2. Análisis de los estudios psicológicos y criminológicos con encuestas

El segundo bloque de investigaciones, desarrolladas paralelamente a las precedentes, adoptó un diseño empírico basado en cuestionarios administrados a muestras de población masculina residente en España. Estos estudios buscaban indagar en los factores individuales que incrementaban, o bien pudieran hacerlo llegado el caso, la probabilidad de conductas de agresión sexual, especialmente en ausencia de un vínculo previo entre víctima y victimario.

1.2.1. Bajo autocontrol y agresión sexual en hombres no heterosexuales

Pérez-Fernández, Janosch y Popiuc (2023) analizaron una muestra de hombres no heterosexuales de entre 18 y 27 años. Sus resultados mostraron que el bajo autocontrol era un predictor significativo de los comportamientos de agresión sexual contra mujeres, lo que demuestra que la falta de autocontrol opera en este ámbito con independencia de la orientación sexual del sujeto. Este hallazgo reviste gran importancia porque pone en evidencia la transversalidad del autocontrol como variable explicativa de la conducta criminal. De hecho, el estudio abordaba la problemática de las agresiones sexuales desde un ángulo poco explorado: los comportamientos de agresión sexual contra mujeres cometidos por hombres no heterosexuales, en particular homosexuales y bisexuales.

Partiendo del aumento de denuncias de este tipo de delitos en España y del interés científico en identificar los factores causales más allá de las simples estadísticas, el objetivo del trabajo fue analizar qué variables individuales pueden predecir dichas conductas en esta población específica. Para ello, los autores se apoyaban en dos marcos teóricos principales. Por un lado, la anteriormente referenciada TAS, que, recordemos, concibe el delito como resultado de un proceso de percepción y elección donde interactúan las características personales —propensión al delito, autocontrol y moralidad— con las circunstancias sociales y ambientales. En el marco de esta teoría el bajo autocontrol constituye un factor crucial porque limita la capacidad del individuo para seguir reglas morales en contextos de tentación o provocación. Por otro lado, los autores integraron el Modelo de Confluencia de la Agresión Sexual —MCAS— revisado, que identifica al sexo impersonal y al sexismo hostil como variables que, al confluir en el mismo sujeto, incrementan el riesgo de perpetrar agresiones sexuales. Aunque este modelo se ha aplicado sobre todo a varones heterosexuales, los autores consideraron pertinente testearlo en una muestra no heterosexual, con el fin de explorar su utilidad en tal contexto.

El estudio se estructuró en tres grandes hipótesis:

1. Tanto la baja moralidad personal como el bajo autocontrol correlacionarían con comportamientos de agresión sexual.

2. El sexo impersonal y el sexismo hostil también estarían en correlación con los comportamientos de agresión sexual.

3. Sexo impersonal y sexismo hostil serían predictores de las conductas agresivas.

Para contrastarlas, se diseñó una encuesta *online* que fue respondida por hombres no heterosexuales de entre 18 y 27 años residentes en España. Se emplearon escalas validadas para su construcción: el ISRD4 para medir autocontrol y moralidad personal; el Inventario de Orientación Sociosexual para el sexo impersonal; la subescala de sexismo hostil del Inventario de Sexismo Ambivalente; y la Escala de Sexualidad Coercitiva para evaluar comportamientos de agresión sexual. También se recogieron datos demográficos —edad, estudios, relación de pareja, lugar de residencia—. La muestra final incluyó 233 participantes: el 64,8% se identificó como homosexual y el 35,2% como bisexual.

En cuanto a los resultados, el 6,9% de los encuestados reconoció conductas de agresión sexual contra mujeres, con una prevalencia mayor en los bisexuales (9,8%) que en los homosexuales (5,4%). Las correlaciones mostraron asociaciones significativas entre bajo autocontrol y agresión sexual, mientras que la baja moralidad, el sexismo hostil y el sexo impersonal no se confirmaron como predictores claros. A través de modelos de regresión logística binaria, se verificó que el bajo autocontrol fue el único predictor significativo de los comportamientos de agresión sexual tanto en el conjunto de no heterosexuales como en el subgrupo de homosexuales. Ni la edad, ni el hecho de tener pareja, ni el nivel educativo modificaron la potencia de los modelos, aunque se observaron correlaciones secundarias: quienes tenían menor nivel de estudios puntuaban generalmente más alto en sexismo hostil y bajo autocontrol.

En la discusión, los autores destacaron el carácter novedoso del estudio, pues existe escasa investigación sobre agresores sexuales no heterosexuales que atacan a mujeres, dado que se trata de una población reducida y poco —o nada— visible en las estadísticas oficiales. De hecho, la proporción encontrada de agresores resultó llamativa, lo que refuerza la necesidad de estudiar más este fenómeno. El hallazgo central —que el bajo autocontrol predice agresión sexual independientemente de la orientación sexual— encaja con la TAS y su énfasis en las variables individuales por encima de atributos como la edad o el género. Además, se señala que el bajo autocontrol se relaciona inversamente con el nivel educativo, lo cual abre un canal explicativo que conecta en un interesante complejo triádico a la formación académica, el sexismo hostil y la agresión sexual. Las conclusiones principales subrayaron que la orientación sexual del agresor no es por sí sola un factor explicativo de la violencia sexual contra mujeres, sino que lo decisivo es el déficit en el autocontrol. De este modo, tanto en homosexuales como en bisexuales los mecanismos serían similares a los ya observados en agresores heterosexuales.

No obstante sus bondades, el estudio reconoció limitaciones: no se consideraron escenarios situacionales concretos, pese a que la TAS lo exige; los cuestionarios se basaron en autoinformes, hecho que pudo introducir posibles sesgos; y no se pudo establecer un modelo válido para los agresores bisexuales, quizá debido al tamaño muestral reducido. En todo caso se recomendó que futuras investigaciones ampliaran el análisis hacia las agresiones intragénero y que se incorporase la dimensión situacional en mayor profundidad.

En definitiva, el trabajo descrito ha aportado evidencia relevante al mostrar que el bajo autocontrol es un predictor clave de la agresión sexual contra mujeres en hombres no heterosexuales, confirmando que los mecanismos que explican este tipo de conductas trascienden la orientación sexual y remiten a factores psicológicos y criminológicos más generales de lo que se pensaba en un principio.

1.2.2. Bajo autocontrol y baja moralidad personal

En la línea del estudio precedente Janosch, Pérez-Fernández y Popiuc (2024) estudiaron una muestra más amplia de hombres residentes en España, mostrando que tanto la baja moralidad personal como el bajo autocontrol constituyen factores predictivos de agresión sexual. Estos resultados se inscriben también en el marco de la TAS al evidenciar que los déficits en la internalización de reglas morales y en la capacidad de autorregulación favorecen la transgresión de normas en contextos criminógenos. De este modo, se abordó el fenómeno de las agresiones sexuales contra mujeres en España, situándolo en un marco criminológico amplio.

Se partía de la constatación de que, en los últimos años, los delitos contra la libertad sexual habían experimentado un incremento sostenido, tanto en número de denuncias como en lo referente a condenas judiciales. Este aumento se interpretaba de manera bifocal: por una parte, podría estar vinculado a un aumento real de la criminalidad; por el otro, podría entenderse como una mayor disposición de las víctimas a denunciar gracias a los efectos de las políticas de concienciación.

Con todo, el artículo subrayaba que la explicación no podía reducirse a una sola causa, sino que respondía a un entramado complejo de factores individuales, situacionales y sociales. Para comprender estos comportamientos complejos, los autores enmarcan el estudio dentro de la ya indicada TAS de Wikström. Desde esta perspectiva, la propensión a delinquir se configura a partir de dos elementos centrales: las reglas morales personales —o capacidad de distinguir lo correcto de lo incorrecto en situaciones concretas—, y el autocontrol —o habilidad personal para ajustarse a esas reglas incluso bajo tentaciones, presiones o estados emocionales adversos—.

Como puede observarse, la TAS se opone a los modelos excesivamente simplistas que vinculan la criminalidad a rasgos sociodemográficos, tales como la edad o el género, que únicamente describen características personales inmodificables, y propone, en cambio, un enfoque dinámico y contextual. A partir de esta base teórica, el estudio se propuso explorar tres hipótesis:

1. La baja moralidad personal se correlaciona con los comportamientos de agresión sexual.

2. El bajo autocontrol también se correlaciona con esos comportamientos.

3. Ambos factores, considerados conjuntamente, son predictores significativos de la agresión sexual.

Metodológicamente, se utilizó una encuesta online aplicada a 561 hombres residentes en España de entre 18 y 27 años, pertenecientes a 18 comunidades autónomas. Se seleccionó esta franja etaria por ser la más asociada, según la literatura, con conductas delictivas y agresivas. Para medir las variables clave se emplearon escalas validadas internacionalmente: la de Grasmick —en versión reducida sugerida por el ISRD4— para el autocontrol; la escala de moralidad personal —creencias morales y vergüenza anticipada— también del ISRD4; y la Escala de Sexualidad Coercitiva de Rapaport y Burkhart para identificar comportamientos de agresión sexual. Se recogieron además variables de control como edad, nivel educativo, estado de pareja y orientación sexual. Los resultados revelaron que 55 participantes (9,8%) admitieron haber cometido algún tipo de comportamiento de agresión sexual más o menos grave.

El análisis correlacional mostró que tanto la baja moralidad personal como el bajo autocontrol mantenían asociaciones significativas con la agresión sexual, confirmando las dos primeras hipótesis. En los modelos de regresión logística, ambos factores emergieron como predictores consistentes de la conducta agresiva. Además, se identificó que la orientación sexual introducía un matiz relevante: los hombres heterosexuales mostraban mayor probabilidad de admitir conductas de agresión sexual hacia mujeres que los bisexuales y homosexuales, siendo estos últimos el grupo con menor incidencia. La discusión subrayó que los hallazgos reforzaban la vigencia de la TAS y ponían de relieve la importancia de los factores individuales frente a variables puramente estructurales o ambientales. No obstante, tales resultados no invalidaron la relevancia del contexto, pues la propensión individual se activa en situaciones específicas. En este sentido, el estudio destaca que el crimen no surge únicamente de predisposiciones personales, ni exclusivamente del entorno, sino de la interacción entre ambos. También remarca que, si bien edad, estudios o estado de pareja no resultaron significativos en la predicción, sí lo fue la orientación sexual, un hallazgo en línea con investigaciones previas que apuntan a diferencias en la expresión de la agresión según la identidad sexual.

El trabajo ha discutido además la necesidad de ir más allá de las políticas criminales tradicionales, poco eficaces, centradas en el endurecimiento de penas o en la mera represión policial, dos elementos que tomados aisladamente contribuyen poco —y sólo coyunturalmente— a la mejora de la situación. Los autores defienden que los resultados invitan a reforzar estrategias preventivas basadas en la educación en valores morales y en el desarrollo de habilidades de autocontrol, dado que ambos factores aparecen como ejes explicativos de la conducta delictiva. Una sociedad más coherente en la transmisión de normas morales compartidas, y que promueva mecanismos individuales de autocontrol, podría reducir de manera más efectiva la incidencia de la agresión sexual a largo plazo.

En cuanto a las limitaciones, el estudio reconoció que las conductas de agresión sexual se midieron retrospectivamente, es decir, ocurrieron antes de evaluar moralidad y autocontrol, lo cual dificultaba establecer con total certeza una relación causal estricta que, por otra parte, no es fácil de establecer. Asimismo, el instrumento no contempló escenarios ambientales variados que podrían haber enriquecido el análisis de acuerdo con la TAS. Se sugirió, por tanto, que futuras investigaciones incorporasen tanto variables situacionales como factores relacionados con el tipo de sexualidad ejercida —así, por ejemplo, sexo promiscuo o impersonal—. En conclusión, el artículo ofreció evidencia empírica sólida de que la baja moralidad personal y el bajo autocontrol son factores clave para predecir comportamientos de agresión sexual contra mujeres en jóvenes españoles, y que la orientación sexual introducía un factor modulador adicional. La investigación, pues, validaba la aplicabilidad de la TAS al estudio de delitos sexuales, resaltando la primacía de los factores individuales sobre las variables sociodemográficas clásicas, y aportando orientaciones prácticas para el diseño de políticas preventivas más integrales, centradas en la educación moral y en el fortalecimiento del autocontrol.

1.2.3. *Agresión y sexo impersonal*

Finalmente, Janosch, Pérez-Fernández, Popiuc y López-Muñoz (2024) añadieron una tercera variable al análisis general del problema, como es la tendencia hacia el sexo impersonal. En una muestra de hombres heterosexuales, comprobaron que existen dos rutas hacia la agresión sexual: una vinculada específicamente al bajo autocontrol y otra relacionada con la conjunción de la baja moralidad y la orientación hacia el sexo impersonal. Ello no solo refuerza la importancia de la interacción entre variables, sino que también introduce una perspectiva preventiva clara que ya quedó apuntada en el estudio precedente:

la necesidad de educar a los adolescentes en el reconocimiento del consentimiento y en la limitación de las prácticas de sexo impersonal como mecanismo de socialización.

El artículo analizaba la relación entre moralidad personal baja, autocontrol deficiente e inclinación hacia el sexo impersonal con la perpetración de conductas de agresión sexual en varones heterosexuales jóvenes residentes en España. El objetivo central era, de nuevo, poner a prueba dos marcos criminológicos distintos: la TAS, de corte más general, y el MCAS revisado, más específico en su enfoque del problema. El propósito de retornar a este enfoque era determinar qué factores personales y comportamentales explicaban mejor el origen de las agresiones sexuales y, al mismo tiempo, aportar pistas generales en materia de prevención.

Hay que tener en cuenta que, desde la perspectiva teórica la TAS, se entiende el delito como un acto que transgrede reglas morales codificadas en las leyes, siendo el resultado de un proceso de percepción y elección en el que interactúan las características individuales y con contextos ambientales más o menos criminógenos. Entretanto, la MCAS plantea que la agresión sexual surge de la confluencia entre dos núcleos de riesgo: la orientación hacia el sexo impersonal —sexo desvinculado de intimidad o compromiso— y la hostilidad sexista y/o masculinidad hostil. Así pues, esta investigación decidió explorar cómo ambos modelos podían complementarse para la comprensión de la agresión sexual en una población concreta.

El método consistió en un cuestionario en línea administrado a 328 hombres heterosexuales de entre 18 y 27 años, residentes en 18 de las 19 comunidades autónomas españolas. Se utilizaron escalas previamente validadas que medían autocontrol —impulsividad y búsqueda de riesgo—, moralidad personal —creencias morales y vergüenza anticipada—, inclinación al sexo impersonal, sexismo hostil y comportamientos de agresión sexual. La escala de agresión sexual se operacionalizó a partir de la *Coercive Sexuality Scale*, adaptada pertinentemente para excluir ítems ambiguos. Además, se recopilaron variables demográficas como edad, nivel educativo, situación de pareja y lugar de residencia.

Para los análisis se aplicaron correlaciones de Spearman y modelos de regresión logística binaria. Los resultados mostraron que un 11,9% de los encuestados admitió haber incurrido en alguna forma de agresión sexual de gravedad variable, porcentaje consistente con otras investigaciones previas en población española e incluso con los resultados del estudio anteriormente descrito. Se confirmaron correlaciones significativas entre baja moralidad, bajo autocontrol e inclinación al sexo impersonal con comportamientos de agresión sexual. Sin embargo, el sexismo hostil no presentó una relación estadísticamente significativa con la agresión sexual. En cuanto a los modelos predictivos, y tal vez de manera sorprendente, la baja moralidad resultó ser un predictor más sólido de la agresión sexual que el autocontrol. A su vez, el sexo impersonal se reveló como un factor independiente capaz de predecir tales conductas. Cuando se combinaron baja moralidad y sexo impersonal en un mismo modelo, la capacidad explicativa fue bastante mayor, identificando este binomio como el núcleo más robusto en la predicción de agresiones sexuales. Los factores de control —así edad, estudios y situación de pareja— no mostraron una influencia relevante en los modelos lo cual incide en la idea de que los estudios en materia criminológica meramente basados en variables sociodemográficas parecen tener escasa utilidad, por lo que no son un buen marco para establecer políticas criminales y/o acciones jurídicas, penitenciarias o policiales eficientes.

En la discusión se señaló que los hallazgos reforzaban la idea de que la moralidad personal débil constituye un mecanismo central en la génesis de la conducta agresiva sexual, mientras que el autocontrol tendría un peso más relevante cuando se combinaba con otros rasgos de personalidad como el narcisismo, la psicopatía o la antisocialidad. Asimismo, el hecho de que el sexismo hostil no apareciese como predictor contrastaba con ciertos estudios previos, lo cual invitaba a pensar que, en la muestra estudiada, la hostilidad hacia las mujeres no desempeñaba un papel tan inmediato como la orientación hacia el sexo impersonal. Se subrayó también que experiencias de sexualización temprana, consumo precoz de pornografía y entornos familiares inadecuados podrían estar vinculados a la tendencia hacia relaciones sexuales sin intimidad, lo cual, a su vez, constituiría un terreno fértil para conductas de agresión sexual.

El trabajo propuso, por tanto, que existen dos vías o caminos diferenciadas hacia la agresión sexual:

a. Una vía psicológica, que surge del bajo autocontrol y se ve potenciada por factores colaterales como el consumo de alcohol o drogas.

b. Una vía ético-moral, originada en la baja moralidad personal y en la propensión más o menos acusada hacia al sexo impersonal.

Ambas rutas no se excluyen mutuamente u operan de forma independiente, sino que podrían interactuar, e incluso ejercer una influencia alternativa en el mismo sujeto, de suerte que su integración en un modelo general criminológico constituiría un avance para comprender mejor este fenómeno. Así, las conclusiones del estudio apuntaron a la importancia de la prevención en la infancia y la adolescencia mediante programas de educación moral —reforzando normas y emociones vinculadas a la culpa y la vergüenza—, desarrollo de habilidades sociales y de autocontrol, y una educación sexual bien estructurada que, sin estigmatizar el sexo sin compromiso, insistiera en la centralidad del consentimiento. El estudio, obviamente, reconoció limitaciones —como no haber introducido escenarios situacionales diferenciados o el hecho de que las conductas reportadas precedieran a la medición de las variables psicológicas en cuestión—, por lo que sugería que futuras investigaciones deberían ir en esta dirección, integrando mejor los factores individuales con los contextuales.

1.3. Síntesis e integración

Una puesta en común de los hallazgos de ambos grupos de estudios hasta aquí descritos ofrece una clara perspectiva de complementariedad. Los trabajos basados en sentencias judiciales permiten identificar los escenarios, patrones de conducta y tipologías delictivas de los agresores sexuales desconocidos, entretanto las investigaciones realizadas mediante encuestas revelan los mecanismos individuales predisponentes a la agresión sexual. Esta dualidad, como creemos mostrado, se articula de manera coherente en el contexto de la TAS, que explica el delito como el resultado de la interacción entre características individuales —moralidad, autocontrol, actitudes hacia el sexo— y contextos ambientales —espacios urbanos, oportunidades de ataque, dinámicas de interacción con la víctima—.

Así, se sostiene que el fenómeno de los asaltantes sexuales desconocidos no puede comprenderse sin considerar simultáneamente la estructura de oportunidad que ofrece el contexto específico y las disposiciones psicológicas del agresor. La serialidad observada en muchos casos encuentra explicación en la combinación de oportunidades recurrentes y déficits persistentes en el control individual. A su vez, los patrones ambientales —como los ataques en portales de edificios residenciales— se entienden mejor al reconocer que quienes carecen de autocontrol y moralidad perciben estos escenarios como oportunidades legítimas para transgredir. La convergencia de ambas líneas de investigación permite, por lo tanto, avanzar hacia modelos explicativos más completos y, sobre todo, hacia estrategias preventivas más eficaces.

El examen conjunto de los seis trabajos muestra, creemos sinceramente, una contribución significativa a la criminología española contemporánea. Por una parte, la creación de bases de datos nacionales y autonómicas basadas en sentencias judiciales ha permitido disponer de información empírica robusta sobre agresores sexuales desconocidos, ofreciendo tipologías, patrones situacionales y dinámicas de actuación. Por otra, los estudios psicológicos y criminológicos basados en encuestas han aportado evidencia clara sobre el papel del bajo autocontrol, la baja moralidad personal y la tendencia hacia el sexo impersonal como factores individuales de riesgo. La integración de ambas vertientes, bajo el paraguas de la TAS, abre la puerta a un marco explicativo que no solo enriquece el debate académico e investigador, sino que también puede nutrir el diseño de políticas de prevención, programas de educación sexual en la adolescencia —ajenas a intervenciones políticas espurias e irrelevantes— y estrategias policiales orientadas tanto a estrategias de anticipación, como a la detección temprana de patrones seriales. En definitiva, los seis trabajos aquí sintetizados consolidan una línea de investigación original en el contexto español, con proyección internacional, que contribuye a comprender y prevenir uno de los fenómenos delictivos de mayor impacto social: las agresiones sexuales cometidas por desconocidos.

CAPÍTULO 2

Comportamientos de agresión sexual en España: la masculinidad hostil y el gusto por la pornografía degradante de la mujer

A lo largo de los últimos quince años se ha investigado con profusión si el consumo de pornografía incrementa la probabilidad de cometer agresiones sexuales (incluyendo violación) y, de ser así, cómo se produciría tal proceso. No obstante, las evidencias no son todo lo claras que sería deseable, por lo que el tema es polémico en la medida que los hallazgos no siempre resultan coincidentes, variando en función del tipo de estudio realizado, la muestra empleada, la metodología y la región estudiada. Algunos metaanálisis encuentran asociaciones positivas entre agresiones sexuales y consumo de pornografía —sobre todo con pornografía violenta—, entretanto otros concluyen que no hay evidencia palmaria de un vínculo causal (Wright et al., 2016; Štulhofer et al., 2022). Los estudios correlacionales —encuestas transversales y longitudinales— suelen reportar que los hombres con mayor consumo de pornografía tienden a presentar más conductas o actitudes sexualmente agresivas, aunque con importantes matices y factores moderadores (Foubert et al., 2019). Por otro lado, los experimentos de laboratorio han sugerido que la exposición a pornografía —especialmente la violenta— puede aumentar la agresividad sexual en determinados individuos predispuestos. No obstante este tipo de trabajos enfrentan limitaciones éticas y metodológicas que los ponen en cuestión. Finalmente, y para incrementar las controversias, diversos análisis poblacionales a gran escala muestran que la disponibilidad general de pornografía no ha conllevado un aumento de las tasas de violación —algunos datos incluso indican tendencias opuestas— (Diamond et al., 2011).

En general, las revisiones coinciden habitualmente en que la pornografía violenta presenta una asociación consistente con la agresión sexual, mientras que la pornografía no violenta mostraría efectos más débiles o nulos (Hald et al., 2010). Por lo demás, subrayan que ver pornografía no convierte automáticamente a alguien en agresor sexual sino que, más bien, tiende a ser otro factor de riesgo que se insertaría en un conjunto de elementos más amplio que incluiría las actitudes machistas, los rasgos antisociales, la historia personal de abusos y etcétera. Tales elementos, combinados, operarían como un conglomerado generatriz de riesgos. En consecuencia, la literatura enfatiza que la causalidad directa pornografía-agresión resulta difícil de probar, con lo cual entraríamos en el controvertido mundo de los análisis correlacionales: los diseños no experimentales no distinguen si la pornografía predispone a la agresión si, por el contrario, los individuos agresivos tienden a consumir más pornografía, o si bien habría que contar con la presencia de terceros factores mediadores que ocasionan ambas cosas. Por lo demás, y por lógicos motivos éticos, no es factible realizar experimentos longitudinales donde se asigne el consumo de diferentes tipos de pornografía a grupos de personas a fin de observar si su uso sistemático tiende a provocar delitos sexuales puntuales o sistemáticos. Por todo lo expuesto, más allá de alarmismos y consideraciones opinables comunes en los medios de comunicación de masas, se ha de convenir que la evidencia disponible debe interpretarse con cautela (Ferguson & Hartley, 2020; Mellor & Duff, 2019; Mestre-Bach et al., 2024; Wright et al., 2016).

Ciertamente, los estudios correlacionales realizados hasta el presente suelen encontrar asociación estadística entre mayor consumo de pornografía y las conductas o actitudes de agresión sexual. Esta relación aparece de manera consistente en diversos países y grupos muestrales —universitarios, adolescentes, maltratadores— (Willis et al., 2022). No obstante, y he aquí el problema, casi todos estos trabajos enfatizan que dicha correlación no implica que la pornografía sea la única causa y tampoco son capaces de determinar su peso específico. El efecto, muy a menudo, parece depender de factores individuales como, por ejemplo, la personalidad antisocial, o las actitudes sexistas preexistentes, que pueden operar como elementos potenciadores del impacto de la pornografía. Así, cuando se analiza desde el Modelo de Confluencia (MDC; Malamuth, 2018), la pornografía es considerada como un elemento que "añade leña" a la caldera de la propensión agresiva en individuos ya predispuestos, pero tiene poco efecto en personas inicialmente no agresivas (Brem et al., 2021; D'Abreu & Krahé, 2014; Kohut et al., 2021; Stanley et al., 2018).

Además, parece claro que la naturaleza del contenido pornográfico al que los sujetos se exponen es crucial: muchos estudios reportan que solo la pornografía violenta o degradante muestra una conexión consistente con la agresión sexual, mientras que la pornografía no violenta —o consensual— tendría asociaciones más débiles o nulas (Foubert et al, 2019). Por ejemplo, una revisión promovida por el gobierno británico resaltó que el uso de pornografía se asociaba con mayor probabilidad de cometer actos de agresión sexual verbal o física, siendo la correlación más fuerte para la agresión verbal, y más intensa cuando el porno es violento (Government Equalities Office, 2020). Igualmente, los estudios inciden en la idea de que el consumo de pornografía está ligado a actitudes que apoyan la violencia sexual —p. ej., creer en mitos de violación—, especialmente entre los hombres con baja empatía. Y es que los estudios correlacionales, incluso cuando se trabaja con grandes volúmenes de datos, muestran limitaciones comunes: primeramente, dependen de autoinformes que introducen sesgo —posible subestimación de conductas violentas o del consumo de pornografía "difícil de admitir"—; en segundo término se suscita el problema de la temporalidad, en la medida que muchos son transversales y es difícil saber, por tanto, qué ocurrió primero, si el consumo sistemático o la agresión. Incluso en el caso de los longitudinales es complicado aislar la pornografía de otras variables intervinientes sociales y ambientales. Por otro lado, muchos trabajos se centran en estudiantes adolescentes de núcleos urbanos, lo que podría no representar adecuadamente a adultos, a personas maduras o a poblaciones rurales. Por lo demás, casi ningún estudio puede descartar totalmente la posibilidad de que terceros factores —tales como educación, historial de abusos, entorno familiar— expliquen tanto el consumo de pornografía como la agresión (Brem et al., 2021; D'Abreu & Krahé, 2014; Kohut et al., 2021; Stanley et al., 2018).

La investigación experimental, más escasa que la correlacional, apoya en parte la idea de que la pornografía puede influir en la agresión sexual, pero tiende a contemplarla como un elemento contingente que no afectaría a todos los agresores por igual, pues los efectos más agudos se observan en sujetos con predisposiciones agresivas o sexistas previas. Así, por ejemplo, Hald y Malamuth (2008, 2015) encontraron que solo los hombres poco empáticos mostraron un incremento en actitudes proclives a la violencia sexual tras ver pornografía. Ello apuntalaría la noción de que la pornografía por sí sola no "crea" o "construye" agresores, pero sí puede alimentar las tendencias de quienes ya poseen una orientación hacia la agresión sexual. También se destaca la diferencia entre la pornografía de perfil marcadamente violento y la no violenta: la primera tiende a generar efectos negativos inmediatos —aumento de la agresividad, reducción de la empatía—, mientras que la pornografía sexualmente explícita, pero no violenta, produce efectos neutros o incluso cierta liberación de tensión sexual que podría disminuir la agresividad en determinados contextos y personas. Este último punto se alinearía con las teorías que defienden la tesis de la catarsis sexual, aunque no está exento de intensos debates (Foubert et al., 2019). En cuanto a sus limitaciones generales, los experimentos enfrentan críticas a causa de su validez externa: las situaciones generadas en laboratorio habitualmente consistentes en exponer al sujeto a la pornografía durante unos minutos para luego medir reacciones artificiales difícilmente replican las condiciones en que se desarrolla un delito sexual real. Además, las obvias exigencias y limitaciones éticas impiden exponer a personas, especialmente cuando son menores de edad, a pornografía altamente violenta o bien durante largos periodos, por lo que la investigación experimental es limitada y tal vez subestima posibles efectos a largo plazo. Aun así, estos estudios ofrecen algunos indicios causales, pues controlan temporalidad y variables de confusión, mostrando que en un contexto controlado la pornografía —especialmente la más violenta— puede incrementar momentáneamente la agresión o la aceptación de la violencia en ciertos individuos (Pollard, 1995). Existe, por lo demás, una asociación estadística entre el consumo frecuente de pornografía y la mayor propensión a la emisión de conductas de agresión sexual, pero principalmente cuando la pornografía contiene un componente manifiesto de degradación hacia la mujer. Esta correlación aparece en muchos estudios —occidentales y de otras regiones del mundo—, aunque tiende a ser de magnitud moderada (Willis et al, 2022).

La evidencia disponible señala, por tanto, que la pornografía por sí sola raras veces es un factor determinante en la agresión sexual, dependiendo su efecto de otros elementos moderadores: hombres con actitudes machistas y/o misóginas, presencia de rasgos de personalidad psicopáticos —así insensibilidad e impulsividad—, y entornos que tienden al fomento de la violencia de género. En personas carentes de tales predisposiciones y/o circunstancias coadyuvantes el impacto es menor, o nulo. La exposición a la pornografía, por lo tanto, parece contribuir a la generación de un "contexto permisivo" que opera junto con otros factores que facilitan la violencia sexual, pero no hay evidencias claras de una causalidad directa. Ni los estudios correlacionales ni los experimentos permiten afirmar con rotundidad, como a menudo se hace en los medios de comunicación generalistas, que "ver pornografía causa violaciones". De hecho, los metaanálisis disponibles más recientes enfatizan que esta relación podría explicarse por efecto selección —los ya agresivos consumen más porno— o por el influjo de otras variables intervinientes, como estilos de vida de alto riesgo (Malamuth et al, 2012). La imposibilidad de realizar experimentos longitudinales aleatorios deja abierta, por otro lado, la cuestión causal. Así, entretanto algunas corrientes plantean que la pornografía sí es por sí misma un factor de riesgo adicional para la agresión sexual, otras sostienen que los datos no apoyan un vínculo especialmente significativo toda vez que se controlan las demás variables intervinientes en los mecánicas tipificadas de agresión sexual (Ferguson & Hartley, 2022).

2.1. Objetivos

En este punto se trata de analizar cómo determinadas variables psicológicas y actitudinales se relacionan con la manifestación de comportamientos de agresión sexual (CA) en una muestra de n = 385 participantes. Concretamente, se busca evaluar mediante un modelo de análisis de caminos —*path analysis*—, basado en ecuaciones estructurales (SEM), la contribución específica de los siguientes elementos predictores de la agresión sexual:

- *Bajo Autocontrol* (AC), entendida como la dificultad para inhibir impulsos y conductas que implican riesgo.

- *Baja Moralidad Personal* (MP), entendido como el grado de internalización en la persona de valores éticos que la ayuden a restringir sus conductas antisociales.

- *Uso de Pornografía* (UP), o frecuencia y tipo de consumo de material pornográfico.

- *Gusto por la Pornografía Degradante de la Mujer* (GP), o la preferencia por disfrutar representaciones pornográficas que refuerzan dinámicas de dominación y cosificación femenina.

- *Masculinidad Hostil* (MH), es decir, las actitudes relacionadas con el sexismo hostil y la aceptación de la violencia contra las mujeres.

El objetivo central, pues, será identificar el peso relativo de estas variables en la explicación de la propensión a conductas agresivas de carácter sexual, y determinar con ello si el modelo confirma la hipótesis de que el bajo autocontrol, la baja moralidad, las actitudes hostiles hacia la mujer y el gusto por la pornografía degradante contribuyen, de manera significativa, a la predisposición de los individuos hacia la agresión sexual.

2.2. Consideraciones metodológicas

Se ha empleado un diseño transversal, cuantitativo y correlacional-explicativo, orientado a la modelización de las relaciones entre variables psicológicas y actitudinales. Los 385 participantes respondieron de forma anónima y voluntaria un cuestionario en línea elaborado *ad hoc*. Durante la fase de reclutamiento se aplicaron criterios de inclusión para garantizar que las respuestas fueran completas y consistentes. La encuesta, en la que sólo participaron hombres de entre 18 y 27 años, se realizó entre mayo y junio de 2024.

2.2.1. Instrumento utilizado para la encuesta

Se recabaron los pertinentes datos sociodemográficos que permitieran la adecuada categorización de los participantes, incluyendo edad, comunidad autónoma de residencia y grado de estudios culminado. Tras ello, se pasó a un examen del grado de autocontrol del participante (*LowSelfControl*) mediante la presentación de 6 ítems vinculados a la impulsividad general y la búsqueda activa de riesgos.

Tal y como se indicó con anterioridad, de acuerdo con el protocolo del *International Self-Report Delinquency Study* (ISRD4, 2021), el autocontrol se ha incorporado a los conceptos de propensión al acto criminal, que se postulan como condicionantes del vínculo entre las fricciones y/o provocaciones y la posterior actividad delincuencial. En el marco de la TAS la propensión, como se ha explicado, surge de la interacción entre el bajo autocontrol y la moralidad personal. La escala más utilizada para medir el autocontrol en el ámbito de la investigación criminológica ha sido, habitualmente, la propuesta por Grasmick (1983), y por ello este estudio partió de ella: comprende 24 ítems que miden seis dimensiones de autocontrol: impulsividad, tareas simples, búsqueda de riesgos, actividades físicas, orientación egocéntrica y temperamento volátil. Aunque la solidez y el poder explicativo de estas dimensiones varían en los diferentes estudios que se analicen, se ha encontrado que tanto ellas como la escala general son medidas válidas y confiables de autocontrol. El bajo autocontrol, de hecho, se ha establecido firmemente como una variable causal relevante en criminología, independientemente de que se modele por separado o como parte de la propensión general al crimen. De acuerdo con el mencionado protocolo ISRD4, el autocontrol puede medirse satisfactoriamente a través de la impulsividad y la búsqueda de riesgos, que son las dimensiones más frecuentemente consideradas en la literatura como medidas de autocontrol. Así pues, para la elaboración del presente estudio se optó por medir autocontrol con la escala sugerida por el propio ISRD4 (Tabla 4).

Tabla 4.
Ítems del cuestionario vinculados al autocontrol

Bajo Autocontrol (AC, 6 ítems)	Respuestas (Valor) ítem
¿Qué tan de acuerdo o en desacuerdo estás con las siguientes afirmaciones?: 1. Actúo de improviso sin detenerme a pensar. 2. Hago todo lo que me da placer aquí y ahora, incluso a costa de algún objetivo futuro. 3. Me preocupa más lo que me pasa a corto plazo que a largo plazo. 4. Me gusta ponerme a prueba de vez en cuando haciendo algo un poco arriesgado. 5. A veces me arriesgo solo por diversión. 6. La emoción y la aventura son más importantes para mí que la seguridad.	(1) "Totalmente de acuerdo" (2) "Algo de acuerdo" (3) "Ni de acuerdo ni en desacuerdo" (4) "Algo en desacuerdo" (5) "Totalmente en desacuerdo"

En lo tocante a la moralidad personal —creencias morales y vergüenza anticipada— (*LowPersonalMorality*) el protocolo ISRD4 ha considerado durante mucho tiempo que alguna forma de baja moralidad es la causa más o menos directa del comportamiento ofensivo. La clásica teoría del control social, sin ir más lejos, identifica las creencias morales como uno de sus cuatro factores, mientras que la teoría del aprendizaje social ve las creencias morales desviadas como un estímulo para la violación de la ley. Más recientemente, la TAS ha postulado la moralidad como un componente de la propensión al crimen, esto es, como una construcción sociocultural y psicológica que media entre las provocaciones y/o tentaciones para cometer delitos y las conductas delictivas subsiguientes. En esta teoría, pues, la moralidad es vista como la variable más importante: el autocontrol, por lo tanto, sólo entra en juego cuando la moralidad es débil, existiendo así un importante desfase entre el "valor moral" y la "regla moral".

El concepto de "moralidad", por su naturaleza evanescente y de compleja operacionalización, ha sido a menudo objeto de enconadas controversias en el ámbito de las ciencias sociales (Croce, 2020)[5]. A modo de consenso, ha sido ampliamente conceptualizado en la literatura como un conjunto de creencias con impacto emocional y/o sentimental antes que como un conjunto de razonamientos deliberativos (Simpson, 2016). Tales creencias son juicios más o menos complejos sobre el comportamiento correcto e incorrecto que tienen una carga emocional de base y que se expresan en la forma de principios, actitudes, valores o racionalizaciones. Las emociones-sentimientos morales más frecuentemente estudiadas con relación al crimen son la vergüenza y la culpa. Dado que los análisis multivariados han mostrado de forma convincente que la importancia que se concede a las opiniones de los padres y los maestros está significativamente asociada con el nivel de moralidad personal, esto ha sido tenido en cuenta en la construcción de la escala de moralidad en el protocolo del ISRD4 (Tabla 5). Para proceder al análisis de las respuestas obtenidas, las puntuaciones

---

[5]   El "entendimiento moral" es un concepto complejo y debatido, especialmente en relación con la epistemología moral y la ética de la virtud. Ha existido una notable dificultad a la hora de definir qué constituye la comprensión moral y cómo esta puede o no ser transmitida, lo que refleja precisamente la naturaleza controvertida y difícilmente operacionalizable del concepto de moralidad en las ciencias sociales. Por ello, ha sido fuente de grandes enfrentamientos metodológicos.

de creencias y emociones morales se sumaron. De tal modo, en la escala resultante las puntuaciones más altas apuntarían a la presencia de una baja moralidad personal (Tabla 5).

Tabla 5.
Ítems vinculados a moralidad, vergüenza, hostilidad masculina y uso de pornografía

Creencias morales (Subescala aditiva de Baja Moralidad Personal MP, 8 ítems)	Respuestas (Valor) ítem
1. *Mentir, desobedecer o replicar a adultos como padres y maestros.* 2. *Insultar a sabiendas a alguien por su raza, etnia o nacionalidad, religión, identidad de género, orientación sexual, o por razones similares.* 3. *Dañar o destruir intencionalmente la propiedad de otra persona.* 4. *Compartir en Internet una foto o vídeo íntimo de alguien que no quería que otros vieran.* 5. *Robar algo de poco valor, como una barra de chocolate, de una tienda.* 6. *Golpear a alguien con la idea de lastimar a esa persona.* 7. *Usar un arma o fuerza para obtener dinero o cosas de otras personas.* 8. *Hackear o ingresar ilegalmente a una cuenta u ordenador privado para adquirir datos, obtener el control de una cuenta o destruir datos.*	(1) "muy mal" (2) "incorrecto" (3) "un poco mal" (4) "no está nada mal"
Vergüenza Moral (Subescala aditiva de Baja Moralidad Personal MP, 4 ítems)	**(Valor) ítem**
1. *Imagina que te atrapan robando en una tienda. ¿Qué tan avergonzado te sentirías si una persona amiga cercana se enterara?* 2. *Imagina que te atrapan robando en una tienda. ¿Qué tan avergonzado te sentirías si tus padres se enteraran?*	

3. Imagina que te atrapan enviando mensajes o comentarios hirientes en una red social acerca de la raza, etnia o nacionalidad, religión, identidad de género, orientación sexual, de alguien, o por algo similar. ¿Qué tan avergonzado te sentirías si una persona amiga cercana se enterara? 4. Imagina que te atrapan enviando mensajes o comentarios hirientes en una red social acerca de la raza, etnia o nacionalidad, religión, identidad de género, orientación sexual, de alguien, o por algo similar. ¿Qué tan avergonzado te sentirías si tus padres se enteraran?	(1) "muy avergonzado" (2) "avergonzado" (3) "algo avergonzado" (4) "apenas avergonzado" (5) "no avergonzado en absoluto"
Hostilidad Masculina (HM, 13 ítems)	**(Valor) ítem**
1. Una esposa no debería abandonar la casa aunque su marido la golpee frecuentemente. 2. El maltrato es sexualmente estimulante para muchas mujeres. 3. Cuando las mujeres van por ahí con ropas provocativas, como faldas cortas o camisetas apretadas, solo están buscando problemas. 4. Cuando tengo relaciones sexuales (besos, caricias, sexo oral, penetraciones, etcétera) me gusta la sensación de tener a la mujer a mi disposición. 5. Un hombre tiene que mostrarle a la mujer quién manda desde el principio, o terminará dominado por ella. 6. La mayoría de las mujeres son astutas y manipuladoras cuando quieren atraer a un hombre. 7. Cuando tengo relaciones sexuales (besos, caricias, sexo oral, penetraciones, etcétera) me gusta la sensación de que la mujer se someta a mí. 8. Muchas mujeres parecen disfrutar menospreciando a los hombres. 9. Me molestan incluso las más leves críticas que me hacen las mujeres en general. 10. Cuando tengo relaciones sexuales (besos, caricias, sexo oral, penetraciones, etcétera) me encanta dominar y guiar a la mujer. 11. Me enojo con las mujeres con mucha facilidad.	(1) "Fuertemente en desacuerdo" (2) "En desacuerdo" (3) "Ligeramente en desacuerdo" (4) "Indeciso" (5) "Ligeramente de acuerdo" (6) "De acuerdo" (7) "Fuertemente de acuerdo"

12. *Las mujeres parecen decir siempre la verdad, pero en realidad no es así.* 13. *Las mujeres siempre parecen tener más derechos que los hombres.*	
Gusto por la Pornografía Degradante de la Mujer (GP, 2 ítems)	**(Valor) ítem**
1. *Me gusta mirar pornografía donde la mujer es humillada verbalmente por el hombre.* 2. *Me gusta mirar pornografía donde la mujer es sometida al hombre a través de la violencia.*	(1) "Fuertemente en desacuerdo" (2) "En desacuerdo" (3) "Ligeramente en desacuerdo" (4) "Indeciso" (5) "Ligeramente de acuerdo" (6) "De acuerdo" (7) "Fuertemente de acuerdo"
Uso de Pornografía (UP, 1 ítem)	**(Valor) ítem**
1. *Por favor, indica con qué frecuencia miras pornografía.*	(1) "Nunca" (2) "Casi nunca" (3) "Una vez por mes" (4) "Una vez por semana" (5) "Diariamente"

Con relación a las conductas de agresión sexual (CA), el cuestionario contó con 18 ítems que analizaban diversos aspectos de estas elaborados a partir de la Escala de Sexualidad Coercitiva (Rapaport & Burkhart, 1984). Se trata de una medida de autoinforme de 19 ítems que se utiliza para identificar conductas sexualmente coercitivas y no coercitivas, utilizando para ello una variedad de comportamientos. Los elementos identifican la frecuencia de conductas específicas iniciadas en contra de la voluntad de una mujer. Las opciones de respuesta van desde "nunca" (0) hasta "a menudo" (4). El coeficiente alfa de Cronbach para esta escala es muy consistente, siendo reportado en 0.96 (Rapaport & Burkhart, 1984). La prevalencia de agresión sexual

identificada mediante el uso de este instrumento es similar a la prevalencia de agresión sexual identificada mediante otros instrumentos
reputados, como el *Sexual Experiences Survey* de Koss & Oros (1982),
por lo que se ha optado por emplear sólo la escala de sexualidad coercitiva. De todas maneras, se ha de indicar que se tomó la decisión
metodológica de excluir el ítem "intento convencer verbalmente a una
mujer contra su voluntad" porque, en algunas circunstancias y por
parte de algunos sujetos, podría interpretarse como un comportamiento no necesariamente vinculado a la agresión sexual o su intención.
Por lo tanto, los 19 ítems originales se redujeron a 18. La variable se ha
dicotomizado en presencia (1) y ausencia (0), de conductas de agresión sexual, de manera tal que con que una sola de las preguntas fuera
contestada afirmativamente, se podría considerar como presencia de
conducta de agresión sexual (Tabla 6).

Tabla 6.
Ítems del cuestionario vinculados a conductas de agresión sexual

Conductas de Agresión Sexual (CA, 18 ítems)	Respuestas
¿Alguna vez hiciste alguna de estas cosas? 1. *Besaste a una mujer contra su voluntad.* 2. *Colocaste tu mano sobre el muslo o la entrepierna de una mujer contra su voluntad.* 3. *Tomaste de la mano a una mujer contra su voluntad.* 4. *Colocaste tu mano sobre la rodilla de una mujer contra su voluntad.* 5. *Colocaste tu mano sobre el pecho de una mujer contra su voluntad.* 6. *Usaste restricción física a una mujer, como impedirle que se vaya, contra su voluntad.* 7. *Tocaste el área genital de una mujer contra su voluntad.* 8. *Desabrochaste la ropa exterior de una mujer contra su voluntad.* 9. *Te quitaste la ropa interior propia frente a una mujer contra su voluntad.* 10. *Ignoraste las protestas de una mujer contra su voluntad.* 11. *Quitaste o desarreglaste la ropa exterior de una mujer contra su voluntad.* 12. *Quitaste o desarreglaste la ropa interior de una mujer contra su voluntad.* 13. *Tuviste relaciones sexuales con una mujer contra su voluntad.* 14. *Usaste amenazas verbales a una mujer como método sexual contra su voluntad.* 15. *Usaste amenazas de agresión física a una mujer contra su voluntad.* 16. *Usaste agresión física en una mujer contra su voluntad.* 17. *Amenazaste con usar un arma a una mujer contra su voluntad.* 18. *Usaste un arma contra una mujer contra su voluntad.*	(1) "Nunca" (2) "Casi nunca" (3) "De vez en cuando" (4) "A menudo"

Los resultados obtenidos tras la compilación de los cuestionarios y el descarte de aquellos que no cumplían las condiciones adecuadas —por ser incompletos o defectuosos—, se analizaron con el software *R version* 4.4.2 -- "Pile of Leaves". Copyright (C) 2024 The R Foundation for Statistical Computing.

2.3. Resultados

Comenzaremos por ofrecer los detalles generales del modelo preciso hallado a partir de los datos de la encuesta a fin de que se valore la potencia del modelo estadístico empleado. Para comenzar, reiteramos que se exploraron conductas de agresión sexual, por vía de un cuestionario suministrado a una muestra aleatorizada de 385 varones españoles (Tablas 7 a 9). Se utilizó un procedimiento de "análisis de caminos" que exploró las siguientes variables:

- CA: Comportamientos de Agresión Sexual.
- MP: Baja Moralidad Personal.
- AC: Bajo Autocontrol.
- GP: Gusto por Pornografía Degradante de la Mujer.
- MH: Masculinidad Hostil.
- UP: Uso de Pornografía.

Tabla 7.
Especificaciones técnicas del modelo de análisis empleado

Resumen	Método de estimación: Máxima verosimilitud (ML) Método de optimización: NLMINB Número de parámetros: 8 Número de observaciones: 385
Test del modelo del usuario	Estadístico de prueba: 6,800 Grados de libertad: 7 p-valor (Chi-cuadrado): 0,450
Test del modelo base	Estadístico de prueba: 199,692 Grados de libertad: 12 p-valor: 0,000

Comparación del modelo del usuario con el modelo base	Índice de ajuste comparativo (CFI): 1,000 Índice de Tucker-Lewis (TLI): 1,002
Loglikelihood y Criterios de Información	Loglikelihood modelo usuario (H0): -2497,816 Loglikelihood modelo irrestricto (H1): -2494,416 Akaike (AIC): 5011,633 Bayesiano (BIC): 5043,259 Bayesiano ajustado por tamaño de muestra (SABIC): 5017,876
Error Cuadrático Medio de Aproximación (RMSEA)	RMSEA: 0,000 Intervalo de confianza del 90% (inferior): 0,000 Intervalo de confianza del 90% (superior): 0,062 p-valor H0: RMSEA <= 0,050: 0,877 p-valor H0: RMSEA >= 0,080: 0,007
Residuo Estandarizado Cuadrático Medio (SRMR)	SRMR: 0,029

Tabla 8.
Regresiones

Variables	Estimación	Error estándar	Valor z	p-valor	Estimación tipificada (latente)	Estimación tipificada (total)
CA ~ GP	0,018	0,007	2,647	0,008	0,018	0,134
GP ~ MH	0,074	0,007	10,690	0,000	0,074	0,465
MH ~ MP	0,700	0,159	4,411	0,000	0,700	0,214
MH ~ AC	0,946	0,160	5,923	0,000	0,946	0,287
GP ~ UP	0,441	0,090	4,921	0,000	0,441	0,214

Tabla 9.
Varianzas

Variables	Estimación	Error estándar	Valor z	p-valor	Estimación tipificada (latente)	Estimación tipificada (total)
.CA	0,105	0,008	13,874	0,000	0,105	0,982
.GP	4,244	0,306	13,874	0,000	4,244	0,726
.MH	193,941	13,978	13,874	0,000	193,941	0,839

Hemos de prestar atención en este punto a la Tabla 10, que muestra las correlaciones entre las variables estudiadas tomadas dos a dos. Se advierte que el Bajo Autocontrol (AC), la Baja Moralidad Personal (MP), la Masculinidad Hostil (MH), y el Gusto por la Pornografía Degradante (GP), correlacionan significativamente entre sí, ya sea de forma directa o inversa con un $p<0,05$. En general, y estableciendo un resumen intuitivo, tendríamos que las correlaciones significativas entre variables sugieren que:

- Cuanto más Bajo Autocontrol (AC) mayor Uso de Pornografía (UP).

- Cuanto más Bajo Autocontrol (AC), menor Nivel de Estudios.

- A más Baja Moralidad Personal (MP), menos Edad.

- A mayor Masculinidad Hostil (MH), menor Nivel de Estudios.

- A mayor Uso de Pornografía (UP), mayor Gusto por Pornografía Degradante (GP).

- A mayor Uso de Pornografía (UP), menor posibilidad de tener Pareja Estable.

- A mayor Gusto por Pornografía Degradante (GP), menor posibilidad de tener Pareja Estable.

- A mayor Edad, mayor Nivel de Estudios.

- A mayor Edad, como parece lógico, mayor posibilidad de tener Pareja.

Tabla 10.
Correlaciones significativas (Rho de Spearman) entre las variables
independientes (N=385)

Variables	Coeficiente de Correlación	Significación (p)
AC / MP	0,260	0,000 ***
AC / MH	0,317	0,000 ***
AC / UP	0,121	0,018 *
AC / GP	0,204	0,000 ***
AC / Nivel de Estudios	-0,112	0,028 *
MP / MH	0,252	0,000 ***
MP / GP	0,194	0,000 ***
MP / Edad	-0,140	0,006 **
MH / GP	0,458	0,000 ***
MH / Nivel de Estudios	-0,131	0,010 *
UP / GP	0.170	0,001 **
UP / Pareja	-0,108	0,034 *
GP / Pareja	-0,111	0,029 *
Edad / Nivel de Estudios	0,316	0,000 ***
Edad / Pareja	0,243	0,000 ***

*** p<0,001 / ** p<0,01 / * p<0,5

CA: Comportamientos de Agresión Sexual; MP: Baja Moralidad Personal; AC: Bajo Autocontrol; GP: Gusto por Pornografía Degradante de la Mujer; MH: Masculinidad Hostil; UP: Uso de Pornografía.

Con respecto a la Tabla 11, se observa que las variables dependientes Bajo Autocontrol (AC), Baja Moralidad Personal (MP), Uso de Pornografía (UP), Edad, Nivel de Estudios, y tener Pareja, no correlacionan significativamente con las Conductas de Agresión Sexual (CA). Sin embargo, la Masculinidad Hostil (MH) y el Gusto por la Pornografía Degradante (GP) correlacionan significativamente y de forma directa con las Conductas de Agresión Sexual (CA) —p<0.01 y p<0.05, respectivamente—.

Tabla 11.

Correlaciones (Rho de Spearman) entre comportamientos de agresión sexual y bajo autocontrol, baja moralidad personal, masculinidad hostil, uso de pornografía, gusto por pornografía degradante, edad, nivel de estudios, y pareja (N=385)

Variables	Coeficiente de Correlación	Significación (p)
CA / AC	0,087	0,087
CA / MP	0,045	0,381
CA / MH	0,111	0,030 *
CA / UP	0,157	0,266
CA / GP	0,141	0,006 **
CA / Edad	-0,021	0,676
CA / Nivel de Estudios	0,004	0,940
CA / Pareja	-0,005	0,921

* $p<0.05$
** $p<0.01$

CA: Comportamientos de Agresión Sexual; MP: Baja Moralidad Personal; AC: Bajo Autocontrol; GP: Gusto por Pornografía Degradante de la Mujer; MH: Masculinidad Hostil; UP: Uso de Pornografía.

En la Figura 2, por otro lado, se observa el diagrama de rutas (*path diagram*) del modelo. La baja moral personal y el bajo autocontrol derivan en las creencias de masculinidad hostil, que a su vez se gestan en el gusto por la pornografía degradante de la mujer. Por otro camino, el uso de pornografía en general también deriva en el gusto por la pornografía degradante de la mujer. Y por último el gusto por la pornografía degradante de la mujer evoluciona hacia los comportamientos de agresión sexual.

Figura 2.
Diagrama de rutas (*path diagram*) del modelo*.

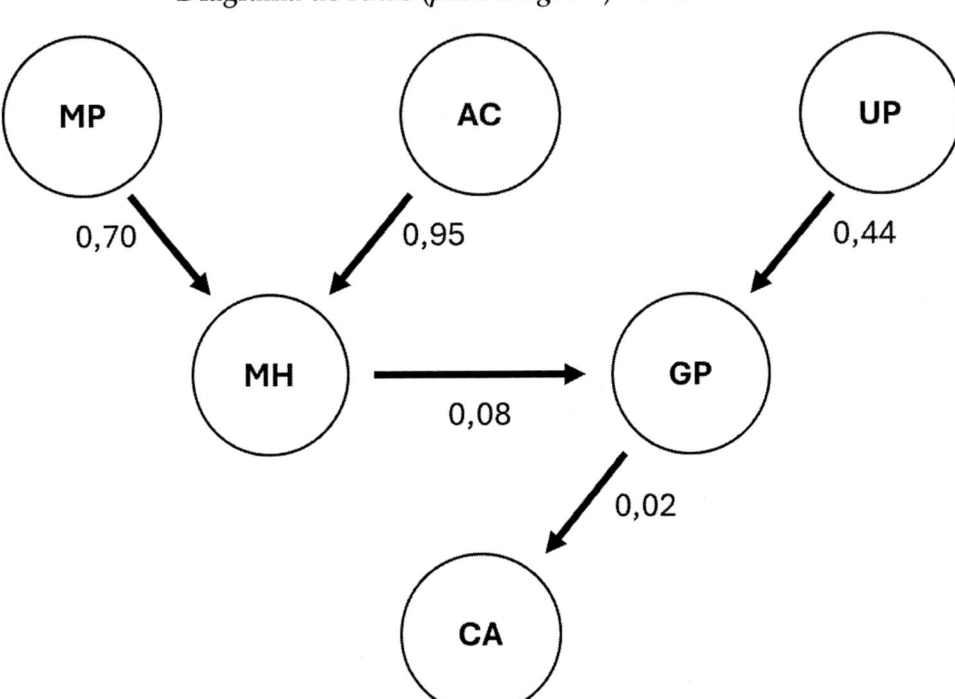

(*) CA: Comportamientos de Agresión Sexual; MP: Baja Moralidad Personal; AC: Bajo Autocontrol; GP: Gusto por Pornografía Degradante de la Mujer; MH: Masculinidad Hostil; UP: Uso de Pornografía.

2.3.1. *Interpretación del modelo*

El modelo de ecuaciones estructurales obtenido a partir del análisis de caminos descrito presenta un ajuste excelente a los datos (χ^2 = 6,80; gl = 7; p = 0,45; CFI = 1,00; TLI = 1,002; RMSEA = 0,000; SRMR = 0,029), lo que indica que las relaciones propuestas entre las variables resultan consistentes y representativas de la dinámica subyacente a la muestra analizada (N = 385). La secuencia de efectos estimados sugiere que la baja moralidad personal (MP) y el bajo autocontrol (AC) no ejercen una influencia directa sobre las conductas de agresión sexual (CA), sino que operan de forma indirecta a través del incremento de la masculinidad hostil (MH). Esta última constituye el núcleo disposicional del modelo, en tanto que explica de manera significativa la atracción que los agresores potenciales —o efectivos— experimentan hacia formas de pornografía que degradan a la mujer (GP). A su vez, el uso general de pornografía (UP) se asocia con un mayor gusto por este tipo específico de material, reforzando el vínculo entre la masculinidad hostil y la preferencia por representaciones sexualmente degradantes.

El único predictor directo de las conductas de agresión sexual, por consiguiente, es el gusto por la pornografía degradante, lo que confirma que la transición hacia la conducta violenta no se explica simplemente por un mayor consumo de pornografía en general, sino por la confluencia entre disposiciones hostiles masculinas y la exposición a contenidos que objetualizan y denigran a la mujer. En este sentido, el modelo sugiere que la agresión sexual emerge de un entramado de factores en el que las debilidades normativas —así la baja moralidad personal— y las dificultades de autorregulación —así el bajo autocontrol— incrementan el riesgo al potenciar una visión hostil de la masculinidad ya preexistente en el individuo. Esta visión, cuando se encuentra reforzada por la pornografía con contenido degradante, constituye la vía crítica que conecta las predisposiciones personales con la manifestación de conductas agresivas.

Desde las perspectivas criminológica y psicológica, los hallazgos ponen de relieve la importancia de ser sutil en el análisis y diferenciar entre el consumo general de pornografía y la preferencia por modalidades específicas de carácter degradante, dado que únicamente esta última se vincula de manera directa con la conducta agresiva. Ello sugiere que las estrategias preventivas deberían orientarse a identificar y reducir la masculinidad hostil en varones con baja moralidad y bajo autocontrol —camino psicoeducativo—, así como a intervenir sobre la exposición reiterada y el impacto de la pornografía degradante, especialmente entre niños y jóvenes, en tanto que se constituye en el eslabón central que transforma las disposiciones hostiles previas en comportamientos sexualmente agresivos —políticas criminales—.

2.4. Discusión

Cuando se establece una comparativa entre los resultados expuestos con los obtenidos por Allen et al. (1995) en su clásico meta-análisis sobre los efectos de la pornografía en la agresión bajo condiciones experimentales, se observan puntos de convergencia relevantes. En primer lugar, ambos trabajos coinciden en señalar una asociación entre exposición a pornografía con contenido degradante o violento y el aumento en la conducta agresiva. Allen et al. hallaron que tanto la pornografía violenta (r = 0,216) como la no violenta (r = 0,171) incrementaban la agresión, especialmente en individuos previamente provocados, lo cual respalda parcialmente la teoría del *excitation transfer*. Si bien el estudio propuesto no es experimental, se halló con claridad que el gusto por pornografía degradante se asocia directamente con mayor agresión sexual, incluso al controlar o interferir otras variables. Parece claro, por consiguiente, que un mayor gusto por la pornografía degradante de la mujer se vincula al menosprecio de la femineidad y está positivamente asociado con los comportamientos de agresión sexual. Este efecto es significativo, indicando que el aumento en el gusto por este tipo de pornografía "poco amable" puede conllevar a un incremento en la tendencia hacia comportamientos de agresión sexual, especialmente cuando coadyuva con la masculinidad hostil que, como resulta esperable, posee una asociación significativa y positiva con el gusto por la pornografía que degrada a las mujeres.

Tal vínculo sería bastante difícil de explicar sin apelar las motivaciones y fantasías sexuales, así como a las elaboraciones cognitivas de los agresores potenciales (Bridges, 2023). Y ello porque es obvio que no todo el mundo que tiene fantasías sexuales disfuncionales en algún sentido, o bien está sexualmente muy motivado, termina agrediendo sexualmente a otra persona. Otros elementos paralelos —como un alto sentido moral o un buen control de impulsos— pueden inducir a estos sujetos a buscar otros caminos sustitutorios, tales como el uso de la propia pornografía *softcore*, las parafilias, la masturbación, e incluso

dirigirse hacia la idea de que habría algo muy positivo y empodera-
dor en el ascetismo, la negación y el autosacrificio en materia sexual.
Cabe pensar, pues, que esta relación, aunque clara, no implica un au-
tomatismo, operando en el proceso de decantarse por el asalto sexual
—o no— también otros elementos ambientales y experienciales de carácter "protector" como el grado de integración social, el temor a las
consecuencias, los hábitos adquiridos, las simbolizaciones aprendidas
en torno al sexo y etcétera (Štulhofer et al., 2022).

En relación con lo precedente, la conexión entre la baja moralidad
personal y la masculinidad hostil, ambas significativamente asociadas, implicaría que un incremento de la tendencia hacia la agresión
sexual se relacionaría, directamente, con la fuerza de las fantasías y
los motivos del sujeto, la falta de entornos y/o contextos compensatorios, su tendencia general hacia el aburrimiento, la falta de buenos
hábitos y la consiguiente reducción de las inhibiciones que va a afectar
en mayor o menor medida a su capacidad general de autocontrolarse
(Hales, 2023). De hecho, los datos obtenidos apuntan hacia la idea de
que el bajo autocontrol mantiene una fuerte asociación positiva con la
masculinidad hostil, sugiriendo que los hombres con bajo autocontrol
no serían necesariamente más propensos a la agresión directa, pero
sí hacia el mantenimiento de actitudes de masculinidad hostil y escaso respeto hacia la femineidad. Posiblemente, esto explique en parte
porqué el agresor sexual de sesgo sádico, toda vez se pone en marcha,
tiende a seguir un camino en escalada que podría culminar incluso en
el asesinato si no es interrumpido en los primeros estadios: se establece un circuito de retroalimentación (Figura 3) que consolida en un
proceso de degradación personal y moral progresivas (Chopin & Beauregard, 2019). Un hecho que sería poco explicable recurriendo sólo a
causaciones y correlaciones externas y que, sin duda, apela a instancias internas —cognición, personalidad, aprendizajes— del individuo.
Es un hecho constatado en la literatura que el bajo autocontrol por sí
mismo no puede ser una explicación del delito, obrando en todo caso
como un factor de riesgo, pues debe coadyuvar con otros elementos
facilitadores, ya internos, ya externos (Hirtenlehner & Leitgöb, 2021).

Precisamente por esto el uso de pornografía en general se vincula significativamente con el gusto por la pornografía degradante de la mujer. Esto sugiere que un uso sistemático de materiales pornográficos —con fines masturbatorios, p. ej.— puede conducir, en sujetos de moralidad cuestionable y con tendencias hostiles hacia las mujeres más o menos disimuladas o encubiertas, hacia un mayor interés por aquella pornografía violenta en la que la femineidad se ve sistemáticamente degradada (Figura 2), lo cual establece nuevos canales de interpretación simbólica de la sexualidad peligrosos, que reelaboran negativamente las actitudes, motivaciones y conductas sexuales. En suma: parece claro que la pornografía —especialmente la más violenta— no es causa agresiones sexuales por sí misma, pero sí funcionaría en sujetos especialmente sensibles y motivados como el combustible o energizante que moviliza el proceso de la agresión. De ahí la importancia de controlar el acceso a la misma, especialmente a edades tempranas (Štulhofer et al., 2022).

Por consiguiente, no es desdeñable el hecho de que la baja moralidad personal y el bajo autocontrol estén significativamente asociados con la masculinidad hostil, mediador clave en el modelo que adquiere una importancia capital, pues sugiere que aquellas intervenciones enfocadas hacia la mejora de la moralidad personal, la comprensión sana de la sexualidad, el respecto hacia la femineidad y el autocontrol podrían reducir la masculinidad hostil potencial y, en consecuencia, el gusto por la pornografía degradante, así como otros comportamientos ulteriores de agresión sexual. Como siempre, y especialmente en el contexto de sociedades democráticas en las que se respetan los derechos y libertades individuales, la clave para el control social, legal y penitenciario a medio y largo plazo del asunto reside, más que en prohibir o coaccionar a las personas o en la única aplicación de estrategias punitivas, en controlar correctamente la oferta y el acceso a estos contenidos, así como en la administración de pautas de psicoeducación positivas para con la sexualidad y las cuestiones vinculadas al género (Sell et al., 2023). De hecho, dado el vaso comunicante que el modelo establece entre el uso de pornografía en general y el uso de pornografía degradante, todo parece apuntar hacia la idea de que, por lo común, la variable relevante en este asunto no es tanto el tipo específico, material, concreto, de pornografía a la que la persona se expone, como el uso habitual que hace de ella y el valor simbólico que le concede, pues ahí es donde reside la capacidad de tales contenidos a la hora de modelar e impulsar actitudes y comportamientos (Ballester-Arnal, et al., 2023).

Figura 3.
Relación entre masculinidad hostil, baja moralidad personal y uso de material pornográfico

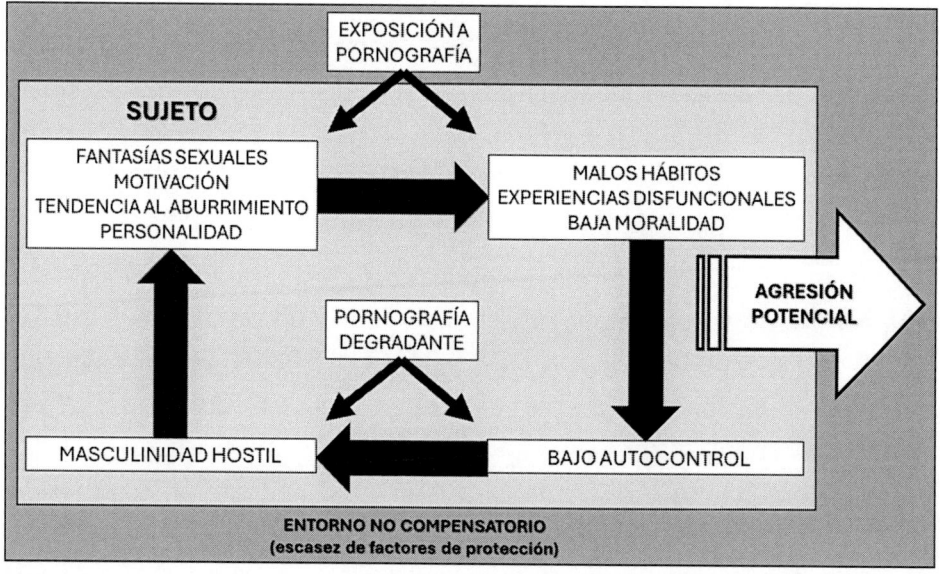

En consecuencia, y como corolario, se incide en una tesis general: el análisis del modelo de "cruce de caminos" que se propone muestra que la masculinidad hostil influye en el gusto por la pornografía degradante de la mujer, que a su vez está relacionado con comportamientos de agresión sexual. Esto sugiere una cadena de influencias donde actitudes de masculinidad hostil pueden llevar al consumo de pornografía degradante, y en la que este consumo puede estar asociado con comportamientos agresivos, de ahí la importancia capital que adquiere el control del acceso a la pornografía a edades tempranas.

2.4.1. Apuntes acerca de la interrelación entre factores cognitivos y comportamentales

El examen general de los resultados asume que la relación positiva y significativa entre el gusto por la pornografía degradante de la mujer (GP) y los comportamientos de agresión sexual (CA) (β = 0,018, p = 0,008) es consistente con los hallazgos desvelados en estudios previos —y clásicos—, que sugieren que el consumo de pornografía degradante puede desensibilizar a los individuos hacia la violencia sexual y fomentar las actitudes agresivas (Malamuth, Addison, & Koss, 2000). Asimismo, la asociación significativa entre la masculinidad hostil (MH) y el GP (β = 0,074, p < 0,001) resalta la influencia de las actitudes sexistas y hostiles hacia las mujeres en lo tocante al consumo de contenidos pornográficos degradantes (Hald & Malamuth, 2008).

La baja moralidad personal (MP) y el bajo autocontrol (AC), por su parte, también muestran relaciones significativas con la masculinidad hostil (MH) (β = 0,700, p < 0,001 y β = 0,946, p < 0,001, respectivamente). Estos hallazgos encajan con el grueso de la literatura que indica que los individuos con baja moralidad y bajo autocontrol tienden a exhibir comportamientos más agresivos y hostiles (Gottfredson & Hirschi, 1990; Pratt & Cullen, 2000). Específicamente, los bajos niveles de autocontrol han sido identificados como un predictor clave de diversos comportamientos delictivos y antisociales, incluida la violencia sexual (Moffitt, 1993). La investigación de Wikström, por otra parte, también sugiere que el entorno social y las oportunidades pueden influir significativamente en los comportamientos delictivos, lo cual complementa los hallazgos aquí presentados (Wikström, 2006; Wikström et al., 2012).

Del mismo modo, los resultados obtenidos ofrecen algunas concordancias sustantivas con el trabajo longitudinal de Ybarra y Thompson (2017) con respecto a los factores que predicen la perpetración de violencia sexual en adolescentes. Sin embargo, es fácil advertir diferencias relevantes en lo tocante al enfoque metodológico, las variables consideradas y el alcance de las inferencias, que han de matizarse adecuadamente:

- Una divergencia central radica en el abordaje metodológico y poblacional: entretanto el estudio que aquí se propone es de carácter transversal y se basa en una muestra de 385 adultos jóvenes, el trabajo de Ybarra y Thompson es longitudinal, con seis oleadas de datos recogidos entre los 10 y los 21 años de edad de los participantes, lo que permite estimar la emergencia de conductas a lo largo del tiempo. Ello conduce a un nivel de inferencia distinto, pues donde este trabajo permite identificar correlaciones y trayectorias hipotéticas mediante análisis de caminos, el de Ybarra y Thompson otro identifica predictores temporales y secuenciales vinculados al primer acto de violencia sexual cometido.

- Una segunda diferencia tiene que ver con la incorporación en el trabajo de Ybarra y Thompson de un marco ecológico que abarca múltiples niveles —individual, familiar, de pares y comunitario—, incluyendo variables como victimización previa, presión de pares, vínculos afectivos familiares y consumo de medios violentos. Esta propuesta, sin embargo, se apoya en variables individuales y sociodemográficas de corte estático —autocontrol, moralidad personal, masculinidad hostil, uso de pornografía y nivel educativo, entre otras—, que examina sin abordar de forma directa los factores contextuales, ecológicos o ambientales.

- En tercer lugar, hay una diferente operacionalización de la variable dependiente. Aquí se analiza un constructo general para "comportamientos de agresión sexual" en general, pero Ybarra y Thompson distinguen entre cinco tipos delictivos diferentes: *acoso sexual, agresión sexual, sexo coercitivo, intento de violación* y *violación*. Esta distinción permite un análisis más fino del desarrollo de distintas formas de violencia sexual a lo largo del tiempo, cosa que el modelo que aquí se propone, precisamente por sus características intrínsecas, no puede hacer. En todo caso, hay que entender que el interés de ambas propuestas es diferente y resulta útil para planteamientos complementarios —no contradictorios— del asunto: nuestro modelo confirma un ajuste estadístico excelente (CFI=1.000; RMSEA=0.000), hecho que explica el comportamiento de la variable estudiada con relación a diferentes elementos fijos, mientras que el modelo longitudinal de Ybarra y Thompson evalúa el peso relativo de variables predictoras en distintos momentos del desarrollo, lo cual tiene sentido cuando se busca implementar estrategias de prevención adaptadas a la edad y el tipo de conducta del sujeto.

2.4.2. *Sobre el uso de pornografía*

Se ha encontrado el interesante dato de que uso de pornografía (UP) en general muestra una fuerte asociación con el gusto por la pornografía degradante (GP) ($\beta = 0,441$, $p < 0,001$), lo que sugiere que el consumo general de pornografía puede predisponer a los individuos a buscar, paulatinamente, contenidos más extremos, posiblemente por la vía de una desensibilización progresiva vinculada a elaboraciones simbólicas y cognitivas más fantasiosas y extravagantes. Este resultado es consistente con investigaciones como la de Peter & Valkenburg (2016).

Del mismo modo, los hallazgos presentados en torno a la relación entre el gusto por la pornografía degradante y los comportamientos de agresión sexual ofrecen un patrón parcialmente coincidente con los de Ybarra et al. (2011). En ambos estudios se destaca que el consumo de material sexualmente explícito con contenido violento se asocia con una mayor probabilidad de perpetrar conductas sexualmente agresivas. No obstante, en nuestro modelo el gusto por pornografía degradante fue el único predictor significativo directo de comportamientos de agresión sexual, mediado por variables como masculinidad hostil, bajo autocontrol y baja moralidad personal. Pero en el estudio apuntado de Ybarra et al., la exposición intencional a material pornográfico violento predijo un aumento casi sextuplicado en la probabilidad de conducta sexualmente agresiva (aOR = 5,8), incluso después de ser controlado por diferentes factores proximales y distales al individuo. Se trata de una diferencia importante en lo tocante al impacto de la variable, pero hay dos elementos metodológicos que podrían explicarla:

- Primero, Ybarra et al. trabajaron con una cohorte más joven —adolescentes y posadolescentes—, en un diseño longitudinal a tres años, mientras que nuestro estudio es transversal y basado en adultos jóvenes. Además, su definición de agresión sexual excede el marco del contacto físico directo e incluye tanto conductas físicas como acoso o solicitudes sexuales no deseadas por medios tecnológicos, ampliando el concepto operativo respecto al nuestro. En nuestro caso, las variables estructurales como baja moralidad personal o bajo autocontrol no mostraron correlación directa con los comportamientos agresivos, sino que actuaron como predictores indirectos mediante rutas mediadas.

- En segundo término, se difiere en lo referente al tipo de exposición pornográfica. Mientras que Ybarra et al. distinguieron entre pornografía violenta y no violenta, observando efectos significativos solo para la primera, nuestro estudio se centró específicamente en el gusto declarado por pornografía degradante de mujeres, sin establecer distinciones con relación al medio de consumo. En este punto, ambos estudios coinciden en que no toda exposición pornográfica implica riesgo, pues sería específicamente el contenido violento o degradante es el que se relacionaría con la agresión potencial.

También se han encontrado concordancias y discrepancias con el estudio de Vega y Malamuth (2007), especialmente en relación con la contribución del consumo de pornografía y los factores de riesgo específicos y generales en la predicción de comportamientos de agresión sexual. Es cierto que ambos trabajos coinciden en subrayar el rol central de la masculinidad hostil como predictor significativo de la agresión sexual, pues se considera que la masculinidad hostil predice directamente el gusto por la pornografía degradante, que a su vez predice significativamente los comportamientos agresivos sexuales —Hostile Masculinity Path—, lo cual se ubica en el MDC[6], que es nuclear en la propuesta de Vega y Malamuth. Ocurre, además, que ambos estudios identifican asociaciones significativas entre diferentes variables antisociales genéricas —como el bajo autocontrol o la hostilidad— y el consumo de pornografía. Sin embargo, se evidencian también diferencias metodológicas y conceptuales relevantes. Vega y Malamuth trabajan con una muestra más pequeña (N=102) y emplean principalmente modelos de regresión lineal con interacciones jerárquicas para probar su propuesta de MDC Jerárquico—Mediacional (HMC). Por el contrario, nuestro estudio utiliza un enfoque estructural de paths con una muestra más amplia (N=385), logrando un ajuste excelente que refuerza la validez interna de las relaciones hipotetizadas.

Además, Vega y Malamuth evalúan el consumo de pornografía en términos generales —como la frecuencia de lectura de revistas concretas como Playboy—, pero nosotros distinguimos entre el uso global de pornografía y el gusto específico por pornografía degradante hacia la mujer, siendo este último el único predictor significativo de comportamientos agresivos en nuestro modelo. Esta distinción permite una mayor precisión explicativa, ya que el consumo genérico de pornografía —de cualquier tipo— no mostró en nuestro caso relación directa con la agresión sexual, hecho que coincide parcialmente con la hipótesis de moderación que plantean Vega y Malamuth: la pornografía,

---

[6]   Recuérdese, "Modelo de Confluencia".

debe insistirse en ello, solo incrementa el riesgo en individuos con alta puntuación en factores predisponentes.

Se coincide con Rostad et al. (2019) en señalar que el consumo de pornografía violenta o degradante constituye un factor relevante en la comprensión de comportamientos agresivos en el ámbito sexual o relacional, especialmente entre varones, pues el gusto o la exposición a pornografía violenta muestra asociaciones significativas con indicadores de violencia sexual o de pareja, aunque los enfoques metodológicos y poblacionales difieren. En nuestro modelo de análisis de caminos, se evidenció que la masculinidad hostil media la relación entre bajo autocontrol y gusto por pornografía degradante, y que esta última predice significativamente los comportamientos de agresión sexual. De manera análoga, Rostad et al. hallaron que los varones adolescentes expuestos a pornografía violenta eran más proclives a perpetrar y/o ser víctimas de violencia sexual y física en relaciones de pareja, incluso tras controlarse y anticiparse las actitudes tradicionales de género y aceptación de mitos sobre la violación por diversos canales.

No obstante, en este trabajo, con una muestra de adultos jóvenes (N = 385), adoptamos un enfoque dimensional basado en constructos psicológicos —autocontrol, moralidad, hostilidad, etcétera—, y se emplean para ello análisis correlacionales y de caminos, sin una medida directa de perpetración—victimización relacional, como sí ocurre en la *Teen Dating Violence* (TDV; Makepeace, 1981). En contraste, Rostad et al. (2019) analizan una muestra de adolescentes de 15 años (N = 1694) inmersos en relaciones sentimentales recientes, y emplean un enfoque dicotómico —presencia/ausencia— para distintos tipos de violencia —física, sexual, amenazas—, permitiendo explorar relaciones bidireccionales en TDV. Otra diferencia sustantiva radica en el peso explicativo que se concede a la pornografía. En nuestro estudio, el gusto por pornografía degradante resulta un predictor significativo de la agresión sexual, aunque con un efecto moderado (est. = 0,018; p = 0,008). En el estudio de Rostad et al., en cambio, la exposición a pornografía violenta muestra asociaciones más robustas y constantes en varones, con *odds ratios* superiores a 2 y hasta 3.3, especialmente en relación con la violencia sexual. Estas diferencias podrían reflejar tanto la mayor vulnerabilidad de los adolescentes hacia este tipo de contenidos, pero también podrían deberse al uso metodológico de medidas dicotómicas, que tienden a amplificar los efectos al no existir posiciones intermedias que puedan atenuar o matizar la medida.

Los resultados de nuestro estudio se inscriben dentro de un corpus de investigaciones que han intentado esclarecer la relación entre el consumo de pornografía y la agresión sexual. En consonancia con los hallazgos presentados por Malamuth et al. (2000), encontramos que el gusto por la pornografía degradante y la presencia de rasgos de masculinidad hostil se asocian significativamente con comportamientos de agresión sexual. Este paralelismo refuerza la noción, ya establecida por los autores mencionados, de que ciertos tipos de pornografía —especialmente la de carácter violento o degradante— no afectan a todos los consumidores por igual, sino que tienen efectos más pronunciados entre varones con perfiles de riesgo, caracterizados por actitudes sexistas y propensión a la agresión. Sin embargo, a diferencia del enfoque de Malamuth y colaboradores, y obviando diferencias metodológicas evidentes, nuestro estudio adopta una perspectiva más integradora al incorporar variables disposicionales adicionales, como el bajo autocontrol y la baja moralidad personal, dentro de un modelo de ecuaciones estructurales. Aunque estas dos variables mostraron asociaciones indirectas con la agresión sexual, su efecto se vio mediado por la masculinidad hostil, que a su vez potenció el gusto por la pornografía degradante. Una vía de mediación que, por cierto, no fue específicamente desarrollada en el modelo referenciado de Malamuth, que enfatizaba la diferenciación entre consumidores frecuentes y perfiles de alto riesgo, sin analizar en profundidad los factores disposicionales que podrían potenciar su vulnerabilidad.

2.5. Reflexiones finales: limitaciones, convergencias y divergencias con respecto a otros modelos

No cabe duda de que los hallazgos aquí presentados encuentran puntos de convergencia con la literatura previa, especialmente con el MDC (Malamuth, 2018), que sostiene que el uso de pornografía —especialmente la de tipo no consensuado o degradante— puede actuar como un factor amplificador del riesgo de agresión sexual en individuos con predisposiciones previas, tales como la hostilidad hacia las mujeres u otros rasgos antisociales habituales. No obstante en la muestra presentada, si bien se ha de considerar que la masculinidad hostil y el gusto por la pornografía degradante mostraron correlaciones significativas con los comportamientos de agresión sexual, otras variables como el bajo autocontrol y la baja moralidad personal no se asociaron directamente con tales conductas, aunque funcionaron como antecedentes significativos. Esto concuerda con la noción de factores primarios y secundarios propuesta por el MDC: los efectos de la pornografía serían contingentes a la existencia de factores predisponentes, como la hostilidad o el gusto por el sexo impersonal, más que atribuibles de forma directa y uniforme a la exposición pornográfica.

Por otra parte, los resultados que se presentan ofrecen un aporte diferencial con respecto a los hallazgos sintetizados por Harkness et al. (2015) en su revisión sistemática sobre el vínculo entre consumo de pornografía y conductas sexuales de riesgo. Aunque ambos trabajos parten de consideraciones y variables similares. La diferencia fundamental reside en que nuestro trabajo introduce variables psicosociales, tales como bajo autocontrol, baja moralidad personal y masculinidad hostil. Estas variables actúan como mediadores o predictores indirectos del gusto por pornografía degradante, el cual a su vez predice comportamientos de agresión sexual. En cambio, el estudio de Harkness et al. adopta un enfoque más centrado en indicadores de salud sexual —como uso de condón, incidencia de enfermedades de transmisión sexual, o número de parejas—, sin explorar los componentes motivacionales o de personalidad subyacentes al consumo de pornografía. Otra diferencia importante es el foco poblacional.

Del mismo modo, se aporta evidencia complementaria a los planteamientos teóricos de Kingston et al. (2009), quienes subrayan la importancia de las diferencias individuales como moduladores del impacto del uso de pornografía en la conducta sexual agresiva. Existe coincidencia a la hora de considerar el uso de pornografía —y especialmente el gusto por la pornografía degradante— como un factor relevante dentro de un entramado de variables que interactúan para aumentar la probabilidad de conductas sexualmente agresivas. Pero mientras que nosotros empleamos un enfoque correlacional no experimental con análisis multivariado en población general, Kingston et al. se basan en una síntesis de estudios experimentales, longitudinales y clínicos, incluyendo muestras de agresores sexuales condenados, pues buscan ahondar en los elementos clínicos de la cuestión, y eso introduce una perspectiva bastante diferente. A partir de todo ello sostienen que el consumo frecuente de pornografía —en especial la violenta— predice actitudes misóginas, mayor excitación ante la violencia sexual y una mayor probabilidad de reincidencia delictiva en individuos con rasgos de riesgo —tales como hostilidad, antisocialidad y/o psicopatía—. Frente a ello, aquí precisamos que la variable que tiene mayor peso directo en la agresión sexual es el gusto por la pornografía degradante y no el uso general de pornografía, mediado por masculinidad hostil. Además, se identifican asociaciones significativas entre masculinidad hostil y otras variables sociodemográficas como, por ejemplo, nivel educativo. Muy posiblemente, estas diferencias se deban al hecho de que Kingston et al., enfatizan las implicaciones clínicas en la evaluación de reincidencia en ofensores sexuales, entretanto nosotros perseguimos la identificación patrones de riesgo en población no judicializada con el objetivo de prevenir la violencia sexual antes de su ocurrencia.

Hald et al. (2010), por su parte, destacan que el impacto de la pornografía es mayor en varones con esquemas hostiles o dominantes hacia las mujeres —sesgo misógino—, hecho que sugiere un efecto moderador de las diferencias individuales y que también se ve reflejado a partir de nuestra muestra a través de la influencia de la masculinidad hostil y del bajo autocontrol. No obstante, mientras que el estudio de Hald et al. es una revisión meta-analítica centrada en actitudes que apoyan la violencia contra las mujeres, aquí se evalúan directamente conductas autorreportadas de agresión sexual, lo cual podría explicar la menor fuerza de asociación general entre el uso de pornografía y la conducta agresiva. Además, el diseño aquí propuesto incorpora variables de personalidad —como el bajo autocontrol y la baja moralidad personal— no consideradas explícitamente en el metaanálisis, lo cual permite una aproximación más amplia al fenómeno.

Del mismo modo, los resultados ofrecidos coinciden parcialmente con los hallazgos de Foubert et al. (2011) en cuanto a los vínculos entre el consumo de pornografía, actitudes hostiles hacia las mujeres y comportamientos sexuales agresivos. Sin embargo, se observan también diferencias metodológicas y conceptuales relevantes que aportan matices distintivos. Así, ambos estudios detectan que el consumo de pornografía se asocia con actitudes o predisposiciones que pueden facilitar la agresión sexual, pero en nuestro modelo se observa que el gusto por la pornografía degradante predice significativamente los comportamientos de agresión sexual, siendo mediado por la masculinidad hostil. Este efecto indirecto, además, está condicionado por factores como el bajo autocontrol y la baja moralidad personal. De manera análoga, Foubert et al. hallaron que el consumo de pornografía —especialmente de tipo sádico o representativa de la violación— se relaciona con una mayor intención autoinformada de cometer agresiones sexuales, una mayor aceptación de mitos sobre la violación y una menor disposición o eficacia para intervenir como testigo ante situaciones potenciales de agresión. Sin embargo, no hemos encontrado una asociación significativa directa entre el uso general de pornografía y la agresión sexual, por lo que se subraya el papel de la degradación en el contenido consumido como variable mediadora esencial. Foubert et al., en cambio, agrupan a los consumidores según el tipo de pornografía vista —*mainstream*, sadomasoquista, violación—, sin modelar relaciones estructurales entre variables mediadoras como autocontrol, moralidad o actitudes de género. Además, el enfoque poblacional tiene relevancia en el trabajo de Foubert et al., pues se centraron exclusivamente en varones universitarios pertenecientes a fraternidades estadounidenses (N = 489), un grupo sesgado al ser ya identificado como de "alto riesgo" en otras investigaciones previas, lo que puede limitar el alcance de sus conclusiones.

En relación con las actitudes, y por otro lado, Foubert et al. observaron que ver pornografía violenta aumenta la aceptación de los mitos sobre la violación, mientras que nuestros resultados avalan que la masculinidad hostil se asocia fuertemente con el gusto por la pornografía degradante, prediciendo ésta la conducta agresiva. Es decir, mientras que para Foubert et al. la actitud sexista es una consecuencia del consumo, en nuestro modelo funciona como una variable mediadora.

Finalmente, y para cerrar este capítulo, nos referiremos a la investigación con adolescentes italianos realizada por Bonino et al. (2006), en la medida que coincide sustancialmente con nosotros en la existencia de una relación significativa entre el consumo de pornografía y la implicación en conductas variopintas de violencia sexual. En el estudio italiano el uso de material pornográfico —ya impreso, ya audiovisual— se asoció positivamente tanto con la violencia sexual activa —acosar o forzar a alguien, por ejemplo—, como con la pasiva —haber sido acosado o forzado—, con diferencias de intensidad según el género y la edad. Una asociación que nuestro modelo también encontró al analizar el gusto por la pornografía degradante y los comportamientos de agresión sexual, mediados por la masculinidad hostil y que, a su vez, se vincula con el bajo autocontrol y la baja moralidad personal. En otras palabras: el uso de pornografía opera indirectamente en la agresión por la mediación del gusto por la pornografía degradante. Una conclusión que corrobora nuestros hallazgos.

Ello no ha impedido, sin embargo, que se observen diferencias importantes con respecto al trabajo de Bonino y sus colaboradores. La fundamental es que mientras que en su estudio se trabajó con una muestra de adolescentes —de entre 14 y 19 años—, nuestro trabajo se basó en una muestra de población adulta, y no es un hecho menor pues podría explicar por qué en nuestro análisis bivariado el uso de pornografía no mostró una correlación directa y significativa con la agresión sexual. Cabe aventurar la idea de que en los adolescentes la pornografía podría tener un impacto más inmediato y directo, mientras que en los adultos éste parece modularse a través de variables disposicionales más estables. Por otro lado, Bonino et al. consideraron únicamente variables sociodemográfica estáticas —edad, género— y consumo de pornografía, mientras que nuestro estudio integró constructos teóricos como el bajo autocontrol, la baja moralidad personal y la masculinidad hostil, que emerge como un nodo central que conecta estos factores disposicionales con el gusto por la pornografía degradante, y desde allí, con la agresión sexual. Este hallazgo permite identificar trayectorias psicológicas más precisas que no fueron exploradas por el estudio italiano.

Lo cierto es que podríamos continuar de suerte casi indefinida estableciendo comparativas entre los resultados que aquí se presentan y los de otros estudios muy referenciados en la literatura (así, por ejemplo: Demaré, Briere & Lips, 1988; Moffitt, 1993; Malamuth et al., 2000; Hald & Malamuth, 2008; Hald & Malamuth, 2014; D'Abreu & Krahé, 2014; Wright et al., 2015; Stanley et al., 2016; Peter & Valkenburg, 2016; Brem et al. (2018); Ferguson & Hartley, 2020; Mestre-Bach et al. (2023); y otro largo etcétera). No obstante, ello no ampliaría en exceso la gama de paralelismos, diferencias, posibilidades y perspectivas para la comprensión y estudio del problema que establece el análisis a través modelo de "cruce de caminos" aquí propuesto.

En definitiva, y a modo de conclusión general, se puede decir que los hallazgos de nuestro estudio muestran un modelo explicativo sólido de los comportamientos de agresión sexual a partir de un encadenamiento de variables personales y actitudinales: el bajo autocontrol y la baja moralidad personal se vinculan con la masculinidad hostil. Ésta, a su vez, se conexiona con el gusto por la pornografía degradante de suerte que dicho "gusto" predice directamente los comportamientos de agresión sexual. Los resultados obtenidos, por consiguiente, sugieren que el modelo de análisis propuesto se ajusta muy bien a los datos y es robusto en términos de las relaciones teóricas indicadas. No obstante, se ha de considerar que se basa en datos transversales, hecho que impide establecer causalidad y, en segundo término, que se limita a una muestra específica, lo que puede cuestionar la generalización de los resultados.

Futuras investigaciones, por lo tanto, deberían considerar el uso de diseños longitudinales y muestras más diversas para validar estos resultados. Sin embargo, sí puede afirmarse con rigor que el trabajo que presentamos ofrece una comprensión detallada de los factores asociados con los comportamientos de agresión sexual, subrayando la importancia del gusto por la pornografía degradante, la masculinidad hostil, la baja moralidad personal y el bajo autocontrol. Todo ello tiene implicaciones importantes para la preparación de planes de intervención profesionales, la reflexión psicoeducativa y el examen de las políticas destinadas a prevenir la violencia sexual. Se insiste, pues, en la implementación de programas educativos y formativos que aborden estos factores psicológicos y comportamentales a edades tempranas para mitigar a futuro el riesgo de agresión sexual.

Recuérdese ahora estudio clásico y muy referenciado de Allen et al. (1995), donde no se encontró una relación robusta entre el uso general de pornografía y la agresión, excepto bajo condiciones moderadas muy concretas —ira, tipo de contenido, y etcétera —. Aquí el gusto por la pornografía degradante emerge como una variable relevante incluso sin la presencia de manipulación experimental, lo cual es harto significativo. Asimismo, Allen et al. no exploraron constructos como la moralidad personal o el autocontrol, aspectos clave en nuestro modelo, que parecen actuar como antecedentes disposicionales fundamentales que permiten entender por qué ciertos individuos pueden verse más influenciados por el contenido pornográfico. De hecho, se ha de insistir en la idea, nuestros datos no apoyan la influencia del bajo autocontrol ni de la baja moralidad personal como predictores directos de la agresión sexual, aunque sí concuerda con la tesis de que estos factores se relacionan significativamente con la masculinidad hostil y el gusto por la pornografía degradante, ejerciendo así un rol indirecto en la cadena causal. Esta mediación también ha sido reportada por Vega y Malamuth (2007), quienes sostienen que la hostilidad general no predice directamente la agresión sexual, sino que lo hace a través de la mediación de la masculinidad hostil.

Uno de los límites más importantes del estudio que aquí se propone, no obstante, tiene que ver con las diferencias de género en lo tocante al uso de la pornografía y su impacto diferencial, que nosotros tomamos en consideración de forma muy limitada. Se coincide con trabajos como el de Rostad et al. (2019) en que los efectos más marcados se producen entre los varones. Para ellos, en mujeres la asociación entre pornografía violenta y *Teen Dating Violence* es débil y en algunos casos marginal. En nuestro estudio, aunque no se analizan efectos diferenciales por sexo, ya sea vinculados directamente con la agresión o con la victimización, hay que tener presente que las actitudes generales entre hombres y mujeres, por la vía de la igualación sociocultural y las políticas del género, tienden a homologarse en muchos campos de la actividad humana.

En cuanto al uso general de pornografía, los datos aquí presentados no evidencian una asociación directa significativa con la agresión sexual, lo cual los coloca en línea con otros aportes previos que han señalado que no todo consumo de pornografía se vincula necesariamente a conductas agresivas. Solo cuando el consumo está orientado a contenidos degradantes o violentos —y se combina con rasgos como la masculinidad hostil— se observa un efecto significativo. Esta conclusión también coincide con los análisis de Malamuth et al. (2000), quienes sostienen que el tipo de contenido y el perfil del consumidor son variables clave para entender los efectos. Otra distinción relevante es que nuestro modelo no incorpora la distinción entre pornografía "consensuada" y "no consensuada" que otros, como Malamuth, sí consideran crucial[7]. Nosotros nos enfocamos en la pornografía degra-

---

7   La expresión "pornografía consensuada" se refiere a la producción y distribución de material sexual explícito en el que todas las personas involucradas han dado su consentimiento libre, informado y explícito para participar. La pornografía "no consensuada", como es de suponer, hace referencia a cualquier contenido sexual explícito que se produce, distribuye

dante hacia la mujer como categoría de interés, sin discriminar si su representación implica consentimiento. Además, el análisis propuesto no incluye otras variables contextuales importantes del MDC, como la exposición a violencia familiar, el consumo de alcohol o la pertenencia a grupos con normas antisociales, lo que limita la capacidad explicativa de nuestro modelo respecto a la interacción de factores, siendo un elemento que se deberá explorar a futuro.

Los resultados de este trabajo se alinean en términos generales con los hallazgos de la literatura previa sobre el vínculo entre el consumo de pornografía —especialmente la de tipo violento o degradante— y las actitudes o conductas asociadas a la agresión sexual. En particular, nuestras correlaciones mostraron que el gusto por la pornografía degradante se asocia de manera significativa con comportamientos de agresión sexual ($\rho = 0,141$, $p = 0,006$), mientras que el uso general de pornografía no presentó una correlación significativa con tales comportamientos ($p = 0,266$). Esta distinción entre tipos de pornografía también fue resaltada en el metaanálisis de Hald et al. (2010), quienes encontraron que el consumo de pornografía violenta se asocia más fuertemente con actitudes que apoyan la violencia contra las mujeres ($r = 0.24$) que el consumo de pornografía no violenta ($r = 0,13$). Parece evidente, sin embargo e insistimos, que el consumo de pornografía, por sí solo, no es un predictor suficiente de agresión sexual. La discusión evidencia con escaso margen de duda que es la interacción de las características personales del sujeto —como la moralidad, el autocontrol o la hostilidad— la que incrementa el riesgo y pone en valor el interés de implementar políticas educativas y formativas tempranas que induzcan una mejora en estos campos. Esta coincidencia generalizada, aunque matizable, debe inducir a la cautela, a la par que refuerza la necesidad de adoptar marcos explicativos multifactoriales, no unidimensionales, en el análisis de los vínculos entre la pornografía y violencia sexual.

---

o consume sin el consentimiento de una o más personas involucradas (Fernández Díaz & Ortiz Trazar, 2019).

Nuestros hallazgos, por otro lado, confluyen sólo parcialmente con los postulados centrales de la célebre Teoría General del Crimen —TGC— (Gottfredson y Hirschi, 1990), especialmente en lo que respecta al rol del bajo autocontrol como factor de riesgo. En coherencia con lo identificado en el meta-análisis de Pratt y Cullen (2000), se observa que el bajo autocontrol presenta correlaciones positivas con diversas variables problemáticas, como baja moralidad personal, masculinidad hostil, y consumo de pornografía, y una correlación negativa con el nivel educativo. No obstante, a diferencia de los efectos generalmente robustos reportados por dicho meta-análisis, no encontramos que el bajo autocontrol fuera un predictor significativo directo de los comportamientos de agresión sexual, lo cual debe matizar la universalidad atribuida a su influencia, que consideramos exagerada. Lo que ocurre aquí es que la TGC apuesta por un marco unifactorial centrado casi exclusivamente en el autocontrol, entretanto nosotros partimos de un enfoque multifactorial e interactivo, en el que la masculinidad hostil y el gusto por la pornografía degradante emergen como predictores más significativos de la conducta agresiva sexual, dando pie a un encadenamiento causal que no se contempla en la formulación original de Gottfredson y Hirschi, que tiende a descartar y minusvalorar las interacciones complejas y otros efectos mediadores.

La TGC, de hecho, propone que las variables socioculturales vinculadas a la criminalidad son epifenómenos del nivel de autocontrol del sujeto y, por lo tanto, podrían considerarse elementos secundarios o incluso espurios. Argumento harto discutible que requeriría de una profunda reflexión que hemos de posponer en el marco reducido de esta obra, pero que bien merecería de una valoración calmada por parte de la comunidad científica y académica que, a menudo, tiende a aceptarla de suerte acrítica. No en vano, los resultados de nuestro modelo indican que esta clase de variables posee un peso explicativo propio, no reductible al mero autocontrol, especialmente cuando se considera el papel de las actitudes hacia las mujeres y el consumo de contenidos sexuales degradantes. Así pues, y en consonancia con los hallazgos de Pratt y Cullen (2000), se apuntala la tesis de que la TGC tiene limitaciones importantes con respecto a la exclusión de variables procedentes de las teorías del aprendizaje social. Ciertamente, hemos de insistir, establecer tal crítica no es el objeto central de este trabajo, pero es un hallazgo colateral que conviene significar de cara a futuros estudios: el uso y tipo de pornografía consumida —una variable de contenido claramente cultural, social e incluso legal— tiene una influencia relevante en la explicación del comportamiento sexual agresivo, lo que refuerza la necesidad de huir de la simplificación excesiva e incorporar, en la medida de lo posible, factores sociales y situacionales en los modelos explicativos generales de delito.

CAPÍTULO 3

Territorio, contexto y configuración demográfica en las agresiones sexuales perpetradas por extraños

Comprender y prevenir las agresiones sexuales y violaciones cometidas por desconocidos es de importancia crítica tanto a nivel individual como social, ya que estos delitos representan un atentado contra la libertad sexual, son muy intrusivos con la autonomía personal y suponen un serio problema para la seguridad pública y su percepción. Aunque la violencia sexual perpetrada por agresores conocidos de la víctima es más prevalente, los delitos cometidos por desconocidos generan un impacto psicológico único y presentan desafíos específicos para la aplicación de la ley, las políticas públicas y las ciencias del comportamiento (Almond et al., 2018).

En el plano individual, las víctimas de agresiones sexuales cometidas por desconocidos suelen reportar un trauma intensificado debido a la falta de familiaridad con el problema y la repentina irrupción del ataque, lo que deriva en síntomas severos de estrés postraumático, hipervigilancia y retraimiento social (Chivers-Wilson, 2006). Las agresiones cometidas por desconocidos están más frecuentemente asociadas con violencia instrumental, conductas forenses de precaución o conciencia, y grados más altos de agresividad (Almond, McManus, & Curtis, 2019). Estas características no solo agravan la lesión psicológica, sino que también complican la detección y el análisis conductual, exigiendo estrategias investigativas especializadas (Davies et al., 1997).

El estudio científico de las agresiones sexuales cometidas por desconocidos es indispensable para diseñar políticas públicas preventivas eficientes, mitigar el sufrimiento individual, asegurar respuestas eficaces de justicia penal y fomentar sociedades más seguras y confiables. También posibilita el desarrollo de perfiles de agresores basados en evidencia, mejora la precisión de la actividad investigativa y respalda acciones informadas por el entorno. Dadas las características conductuales y ambientales distintivas de estos delitos, una agenda robusta de investigación basada en las ciencias del comportamiento resulta vital para reducir tanto la incidencia como el daño social de la violencia sexual perpetrada por desconocidos (OMS, 2023).

Por otro lado, las agresiones sexuales cometidas por desconocidos representan un tipo de delito sexual particularmente complejo, en especial en lo tocante a la investigación policial y la posterior identificación de los agresores. A diferencia de las agresiones perpetradas por personas conocidas —como parejas íntimas, vecinos, compañeros de trabajo o amigos—, las violaciones cometidas por desconocidos carecen de las claves relacionales y contextuales que normalmente orientan los pasos iniciales de la investigación policial (Barton-Crosby & David, 2024). La ausencia de un agresor identificado disminuye significativamente la cantidad de inteligencia procesable de que se dispone en las fases inmediatamente posteriores al delito, lo cual hace de su esclarecimiento todo un reto profesional. Uno de los principales obstáculos en la investigación de los delitos sexuales cometidos por desconocidos, de hecho, es la frecuente carencia de pruebas físicas y de testigos presenciales más allá de la propia víctima, lo que en muchas ocasiones también genera dificultades procesales y judiciales (Smith & Skinner, 2012).

Almond et al. (2018) señalaron que estos casos suelen depender casi exclusivamente del relato de la víctima, ya que los rastros biológicos y forenses pueden encontrarse ausentes o ser insuficientes para señalar a un sospechoso viable, lo cual implica también complicaciones vinculadas a la valoración forense del testimonio. Además, los investigadores suelen trabajar bajo una intensa presión temporal y pública, con recursos limitados, lo que dificulta aún más el progreso en los casos donde no se identifica rápidamente a un sospechoso. Las violaciones cometidas por desconocidos también presentan dificultades específicas debido a la diversidad ecológica y conductual asociada a estos delitos. Lundrigan et al. (2024), por ejemplo, mostraron que tales agresiones ocurren en una amplia variedad de contextos ambientales, desde parques públicos hasta viviendas privadas, con distintos grados de interacción entre víctima y perpetrador antes del ataque. Esta heterogeneidad contradice los estereotipos tradicionales de la "violación real" y complica los esfuerzos de prevención policial predictiva y basada en patrones geográficos y espaciales.

Se han empleado modelos de perfilación para acotar —o al menos intentarlo— los grupos de sospechosos infiriendo características del agresor a partir del comportamiento en la escena del crimen (Davies, Wittebrood, & Jackson, 1997). Sin embargo, la utilidad predictiva de dichos modelos depende del acceso a bases de datos de condenas previas bien sistematizadas, lo cual no siempre es posible —especialmente cuando los sospechosos son extranjeros (Almond, McManus, & Curtis, 2019) —. Además, como muestran los estudios comparativos, los comportamientos de los agresores y sus historiales delictivos difieren según los contextos socioculturales, lo que socava la aplicabilidad internacional de los modelos de perfilación desarrollados en otros países cuando se aplican a delitos cometidos en España (Almond et al., 2023). La evidencia empírica también indica que los violadores desconocidos presentan altos niveles de versatilidad delictiva: aproximadamente el 85% tiene antecedentes penales que abarcan diversos tipos de delitos, incluidos robo con fuerza y violencia no sexual, independientemente de que guarden o no semejanza con el delito sexual actual (Davies et al., 1997; Almond et al., 2018). Esta versatilidad complica los análisis de vinculación y reduce la especificidad de los perfiles de sospechosos basados en la conducta.

Además, la variabilidad tipológica en las estrategias de aproximación del agresor añade otra capa de complejidad al problema. Los agresores pueden recurrir a ataques sorpresivos, o bien usar tácticas manipuladoras —más o menos ingeniosas— que implican una interacción prolongada, asociada en cada caso con patrones espaciales distintos e implicaciones para el movimiento de la víctima y la consumación del delito (Lundrigan et al., 2024). La fluidez entre conductas y tipologías diluye aún más la fuerza predictiva de los marcos investigativos tradicionales.

Finalmente, las bajas tasas de denuncia que afectan a esta clase de delitos como a todas las agresiones sexuales en general, así como los mitos sociales en torno a la violación, contribuyen a la falta de investigaciones científicas eficaces y a la caracterización errónea del fenómeno (Lundrigan & Mueller-Johnson, 2013; Hockett, Saucier & Badke, 2015). Las víctimas pueden dudar en presentarse por temor a la incredulidad o al estigma, lo que provoca importantes vacíos en los datos policiales y administrativos y, como es lógico, oportunidades de investigación desaprovechadas por especialistas y académicos. Por otro lado, como ocurre en muchas formas de criminalidad, los factores ambientales y geográficos —en particular la división urbano-rural, la localización del delito y los contextos situacionales (es decir, factores éticos, legales, socioculturales y psicológicos)— interactúan de manera decisiva también con las conductas y tipologías de los agresores en los casos de violencia sexual cometida por desconocidos (Bowman, Whitehead & Raymond, 2018).

3.1. La importancia del entorno

En este estudio en concreto nos proponemos determinar si las variables relacionadas con el entorno —escenario, localización, accesibilidad y anonimato—, contempladas en un sentido ecológico-situacional, tienen valor explicativo y/o predictivo en distintas jurisdicciones y metodologías. Una distinción ambiental crítica en los estudios sobre delitos sexuales se produce entre contextos urbanos y rurales, ya que unos u otros afectan tanto las estructuras de oportunidad como la conducta de los agresores. Pérez Ramírez et al. (2018) realizaron un análisis de conglomerados de 342 casos de violación cometidos por desconocidos en España, identificando un tipo de agresor fuertemente asociado con entornos rurales —caracterizado por el uso de vehículo, actuación en zonas de baja vigilancia y mayor probabilidad de dirigirse a trabajadoras sexuales—. En contraste, otros tipos de agresores identificados en el mismo estudio estaban claramente vinculados al ámbito urbano, captando a las víctimas en bares o locales nocturnos y atacando en viviendas privadas o en espacios semipúblicos como estacionamientos.

Los entornos urbanos, en concreto, tienden a ofrecer mayor anonimato, pero también sugieren dinámicas sociales diferentes, como el consumo de alcohol o drogas y la reducción de la resistencia de la víctima debido a la intoxicación o la familiaridad con el lugar. La perspectiva aportada por Chambers et al. (2010) refuerza esta visión de la dimensión urbana en su estudio sobre violaciones múltiples en un entorno metropolitano del Reino Unido: los delitos analizados ocurrieron mayoritariamente en espacios domésticos urbanos o en lugares vinculados a la vida nocturna, lo que moldeó la dinámica grupal y las interacciones entre agresores y víctimas. Los hallazgos implicaron que la densidad urbana y el anonimato facilitaban delitos coordinados, como las populares 'manadas' que involucraban a múltiples actores.

Otros estudios han destacado la localización de la escena del crimen como un indicador de la intención del agresor y de su conciencia situacional. Skott et al. (2019) llevaron a cabo un análisis comparativo de homicidios sexuales en Canadá y Escocia, encontrando que los agresores canadienses eligieron con mayor frecuencia entornos públicos y fueron más proclives a cometer delitos en múltiples localizaciones, lo que refleja tanto planificación como una posible explotación de espacios vastos y menos regulados. Los agresores escoceses, en cambio, se vieron más confinados a espacios privados, posiblemente debido a la especificidad de la urbanización, o bien a diferentes normas socioculturales respecto al acceso a la víctima y la presión policial. De manera similar, Canter et al. (2003) y Corovic et al. (2012) encontraron que los temas conductuales del agresor, como la hostilidad o la pseudointimidad, podían asociarse con la localización del delito. El grupo de Corovic, más concretamente, estableció que los violadores seriales eran más propensos a cometer su primer y segundo delito en entornos privados o semiprivados, evitando a menudo conductas como besar a la víctima o el consumo de alcohol, bastante más comunes entre los violadores de una sola víctima.

El contexto ambiental-ecológico también es crucial para la comprensión del movimiento del agresor y su comportamiento espacial, como ocurre en muchos otros contextos vinculados a los comportamientos psicosociológicos, lo cual se conoce desde hace muchos años (Bronfenbrenner, 1979). Pérez Ramírez et al. (2018) y Häkkänen et al. (2004) subrayan que algunos agresores utilizan vehículos o transporte público para seleccionar, acercarse y huir de la escena del crimen —una firma operacional a menudo influenciada por limitaciones u oportunidades ambientales—. Häkkänen et al. (2004), estudiando violaciones cometidas por desconocidos en Finlandia, identificaron tres temas conductuales distintos: hostilidad, involucramiento y robo. Aunque no están explícitamente vinculados a la ruralidad, dichas temáticas suelen cruzarse con el acceso espacial y la logística del agresor, particularmente en delitos que implican emboscadas al aire libre o desplazamientos forzados.

Los estudios transculturales, como el realizado por Almond et al. (2023), revelaron que los agresores del Reino Unido exhibían conductas significativamente más agresivas en la escena del crimen que sus homólogos españoles. Esto puede reflejar no solo normas culturales sino también diferencias en la labor policial, la vigilancia o el anonimato espacial brindado por distintos entornos. Es notable que los agresores británicos tenían mayores niveles de antecedentes penales —excepto en delitos violentos—, lo que sugiere un patrón de reincidencia posiblemente moldeado por la exposición socioambiental. Además, Chambers et al. (2010) identificaron cuatro trayectorias conductuales en las violaciones múltiples —violencia, criminalidad, intimidad y sexualidad— y vincularon cada una a las características propias de la escena del crimen y a sus factores ambientales, como la accesibilidad de las víctimas o la capacidad de aislarlas en entornos privados.

Doan & Snook (2008) examinaron críticamente la "asunción de homología" —la idea de que conductas similares en la escena del crimen implican características similares entre los agresores— y encontraron un débil respaldo empírico a esa teoría. Sus resultados cuestionaron de forma bastante rigurosa los modelos tradicionales de perfilación y sugirieron que el contexto ambiental-ecológico es una fuerza poderosa que puede, de hecho, anular los rasgos de fondo al moldear la conducta, particularmente en delitos como el incendio intencional o el robo, pero cuya implicación se extiende también a los delitos sexuales. De manera similar, Häkkänen et al. (2004) observaron solo asociaciones modestas entre conducta y perfiles de agresores en su muestra finlandesa, reforzando que los factores contextuales —como la localización, la accesibilidad y el anonimato espacial— suelen mediar el delito bastante más que los rasgos de personalidad constantes.

Una novedosa adaptación española de la metodología de perfilación nomo-inductiva, originalmente desarrollada en el Reino Unido, analizó 233 casos de violación cometidos por desconocidos en España (Pérez-Fernández, Janosch y Popiuc, 2023), vinculando las conductas en la escena del crimen con condenas previas de los agresores. Aunque el estudio no se centraba explícitamente en entornos urbanos frente a rurales, aportó datos valiosos sobre variables espacialmente indicativas como la aproximación sorpresiva —empleada en el 54,9% de los casos—, fuertemente asociada con la reincidencia y los antecedentes por robo; el uso de vehículo (13,3%), que sugiere explotación ambiental y movilidad del agresor; configuraciones temporales y espaciales —por ejemplo, el 60% de las agresiones ocurrieron en fines de semana y el 52% durante la noche, lo que implica explotación de entornos temporales de baja vigilancia, comúnmente más disponibles en la vida nocturna urbana o en espacios semipúblicos periféricos—. Aunque la clasificación geográfica (urbano/rural) no fue codificada explícitamente, las conductas espaciales registradas —como el uso de armas, la conciencia forense y las aproximaciones sorpresivas— sugirieron una preferencia ambiental por localizaciones que permitían emboscadas, presencia limitada de testigos y escape rápido, características típicas de bordes urbanos de baja densidad o de los nodos urbanos aislados —por ejemplo, callejones, parques, áreas industriales—. El artículo también destacó que los violadores desconocidos españoles difieren significativamente de sus homólogos británicos, siendo menos propensos a recurrir a estrategias forenses complejas y más inclinados a mostrar conductas vinculadas a fines instrumentales (por ejemplo, robo), lo cual puede relacionarse con diferencias socioeconómicas o culturales en los entornos de los agresores.

El trabajo demostró, además, que aplicar modelos de perfilación británicos a casos españoles puede llevar a interpretaciones erróneas, especialmente cuando no se tienen en cuenta los contextos locales de la escena del crimen. Por ejemplo, mientras que los agresores británicos pueden mostrar precauciones forenses avanzadas, los agresores españoles pueden carecer de ellas debido a: a) diferentes presiones policiales; b) diferencias en el diseño urbano; y c) los antecedentes socioeconómicos y culturales de los agresores. Así, en línea con Woodhams & Labuschagne (2012) y Almond et al. (2018), parece que las variables culturales y ambientales —como la disponibilidad de armas, las percepciones sociales sobre el género y la familiaridad con las tácticas policiales— influyen significativamente en la conducta del agresor. Por tanto, el entorno no es meramente un telón de fondo, sino un agente estructurador ecológico muy importante para entender cómo se desarrollan los delitos y cómo deben elaborarse e interpretarse los perfiles.

Es claro que el contexto espacial y ambiental de las agresiones sexuales cometidas por desconocidos no es incidental, sino un elemento integrado del delito, junto con la elección de la víctima y la selección de oportunidad; la expresión conductual y la planificación del agresor; la tipología en la que encaja el agresor; y la efectividad de los modelos de análisis conductual transculturales. Pensamos que las estrategias de perfilación que ignoren las posibilidades ambientales locales corren el riesgo de incurrir en una mala clasificación o de fracasar en la identificación de conductas de alto riesgo. Por lo tanto, el perfilado de futuros delincuentes —especialmente en las violaciones cometidas por desconocidos— debe integrar sistemáticamente las distinciones urbano/

rural, los escenarios físicos del delito, las estrategias de aproximación a la víctima y las conductas ecológicamente condicionadas para construir modelos de agresores válidos y aplicables.

En línea con lo expuesto, sostenemos la hipótesis de que los perfiles criminológicos no son fijos ni universalmente aplicables, sino que dependen de variables contextuales tales como el entorno ambiental, la densidad poblacional, el acceso espacial y las dinámicas situacionales. Estos factores se constituyen como variables intervinientes que configuran no solo la conducta del agresor, sino también la interacción entre víctima y perpetrador, influyendo así en los comportamientos observables en la escena del crimen sobre los cuales se construyen los perfiles. De acuerdo con esto, entendemos que los modelos de perfilación que pasan por alto estos elementos contextuales corren el riesgo de producir descripciones de agresores inexactas o desalineadas socioculturalmente. Específicamente, en este trabajo nuestra hipótesis de investigación plantea que la densidad poblacional —al afectar los niveles de anonimato, las estructuras de oportunidad y las restricciones ambientales— desempeña un papel crítico en la configuración de la conducta del agresor y, por lo tanto, debe integrarse sistemáticamente en el desarrollo de perfiles criminológicos.

3.2. Metodología

Comparamos los perfiles criminológicos obtenidos en dos subconjuntos de provincias españolas. El criterio de selección fue su densidad poblacional. Por un lado, incluimos las provincias de Madrid, Barcelona y Vizcaya, cada una con una densidad poblacional superior a 500 habitantes/km²; por otro lado, consideramos el resto de las provincias españolas, cada una de ellas con una densidad poblacional inferior a 500 habitantes/km².

Mediante la técnica estadística del escalamiento multidimensional (EMD), basada en variables dicotómicas que describen cada caso, seleccionadas según la literatura y la disponibilidad de datos (Tabla 12), se construirá un perfil criminológico para cada subconjunto de provincias. La tabla presenta las 26 variables dicotómicas utilizadas en la construcción de los perfiles criminológicos de este estudio. Las variables incluyen antecedentes del agresor —por ejemplo, condenas previas, diagnósticos psiquiátricos—, resistencia de la víctima e intervención de terceros, elementos situacionales —por ejemplo, momento del día, fin de semana— y conductas específicas durante la agresión —por ejemplo, tipo de penetración, conciencia forense—. Todas las variables fueron extraídas de sentencias judiciales disponibles en la base de datos del Centro de Documentación del Consejo General del Poder Judicial (CENDOJ).

Tabla 12.
Descripción de las 26 variables conductuales y contextuales utilizadas para comparar perfiles criminológicos según los niveles de densidad poblacional

Variable	Descripción
Ag_Psych	El agresor sexual tenía antecedentes psiquiátricos.
Ag_Sex	El agresor sexual tenía antecedentes de delito sexual.
Ag_Theft	El agresor sexual tenía antecedentes de robo.
Ag_Viol	El agresor sexual tenía antecedentes de violencia no sexual.
Ag_Unesp	El agresor sexual tenía antecedentes de delito no especificado.
Ver_Resist	La víctima resistió la agresión sexual (excepto gritar).
Ver_Shout	La víctima gritó pidiendo ayuda.
Ver_Third	Durante la agresión apareció una tercera persona, como testigo, policía, etc.
Ver_Inte	La agresión sexual fue interrumpida en algún momento.
Ver_Con	Aproximación con engaño, no por sorpresa.
Ver_Weap	El agresor sexual utilizó un arma.
Ver_Vehi	El agresor sexual utilizó un vehículo como un coche, una furgoneta, una bicicleta, etc.
Ver_Val	El agresor sexual robó objetos de valor como dinero, tarjetas de crédito, teléfono móvil, etc.

Ver_Fore	El agresor sexual tenía conocimientos forenses, por ejemplo: uso de preservativo o guantes, limpieza de semen, etc.
Ver_Vic	El agresor sexual tenía las capacidades volitivas e intelectuales disminuidas.
Ver_Alc	El agresor sexual había consumido alcohol.
Ver_Drug	El agresor sexual había consumido drogas.
Ver_Vag	Hubo penetración vaginal con pene durante la agresión sexual.
Ver_Vag_Attempt	Hubo un intento de penetración vaginal con pene durante la agresión sexual.
Ver_Anal	Hubo penetración anal con pene durante la agresión sexual.
Ver_Anal_Attempt	Hubo un intento de penetración anal con pene durante la agresión sexual.
Ver_Fel	Hubo una felación durante la agresión sexual.
Ver_Fel_Attempt	Hubo un intento de felación durante la agresión sexual.
Ver_Finger	Hubo penetración vaginal o anal con dedo(s) durante la agresión sexual.
Ver_Darkness	La agresión sexual ocurrió en la oscuridad, entre las 22:00 y las 6:00.
Ver_Wend	La agresión sexual ocurrió desde el viernes a las 12:00 a. m. hasta el lunes a las 12:00 a. m., es decir, el "fin de semana español".

Nota: Esta tabla presenta las 26 variables dicotómicas utilizadas en la construcción de los perfiles criminológicos en este estudio. Las variables incluyen antecedentes del agresor (por ejemplo, condenas previas, diagnósticos psiquiátricos), resistencia de la víctima e intervención de terceros, elementos situacionales (por ejemplo, momento del día, fin de semana) y conductas específicas durante la agresión (por ejemplo, tipo de penetración, conciencia forense). Todas las variables fueron extraídas de sentencias judiciales disponibles en la base de datos del CENDOJ.

Una vez obtenidos los análisis EMD para cada subconjunto, las distribuciones resultantes se compararán mediante un análisis de

Procrustes[8]. También se explorarán tipologías potenciales utilizando la técnica de *K-Means clustering*, basada en los resultados del escalamiento. Finalmente, se examinarán las posibles coincidencias o discrepancias entre las tipologías identificadas.

3.2.1. Origen de los datos

Los datos fueron recopilados y codificados a partir de sentencias judiciales españolas publicadas por el CENDOJ. El conjunto de datos se compiló en base a los siguientes criterios de inclusión:

- Condenas por agresión sexual dictadas por Audiencias Provinciales en España y publicadas en la base de datos del CENDOJ.

- El agresor sexual era un varón desconocido para la víctima durante al menos las 24 horas previas al delito y actuó en solitario.

- La víctima era una mujer de 16 años o más al momento del delito.

- Los casos se definen como agresiones sexuales que implican penetración peneana consumada o intentada (vaginal, oral o anal), o penetración consumada con dedos (vaginal o anal).

---

[8]   El análisis de Procrustes es un proceso de transformación euclidiana inserto en los métodos estadísticos que aplican la teoría de grupos al análisis de conjuntos de datos homogéneos, para compararlos entre sí y realizar inferencias a partir de dichas comparaciones. Forma parte de los procedimientos incluidos en el análisis estadístico multivariante. Su nombre proviene del mito de Procusto, uno de los hijos de Poseidón, que tenía una casa donde ofrecía alojamiento a los viajeros. Allí, los invitaba a acostarse en una cama de hierro, a la cual, mientras dormían, ataba sus manos y pies. Si el sujeto era tan alto que su cuerpo sobrepasaba la cama, Procusto procedía a serrar las partes del cuerpo que sobresalían. Si era más bajo que la cama, entonces dislocaba sus articulaciones a martillazos para estirarlo hasta las dimensiones adecuadas (Gower, 1975).

El conjunto final de datos incluye 177 casos de agresión sexual, de los cuales 81 fueron cometidos en provincias con una densidad poblacional superior a 500 habitantes/km², y 96 en provincias con una densidad poblacional inferior a 500 habitantes/km². La distribución temporal de las 177 agresiones sexuales se muestra en la Figura 4.

Figura 4.
Distribución temporal de las agresiones sexuales*

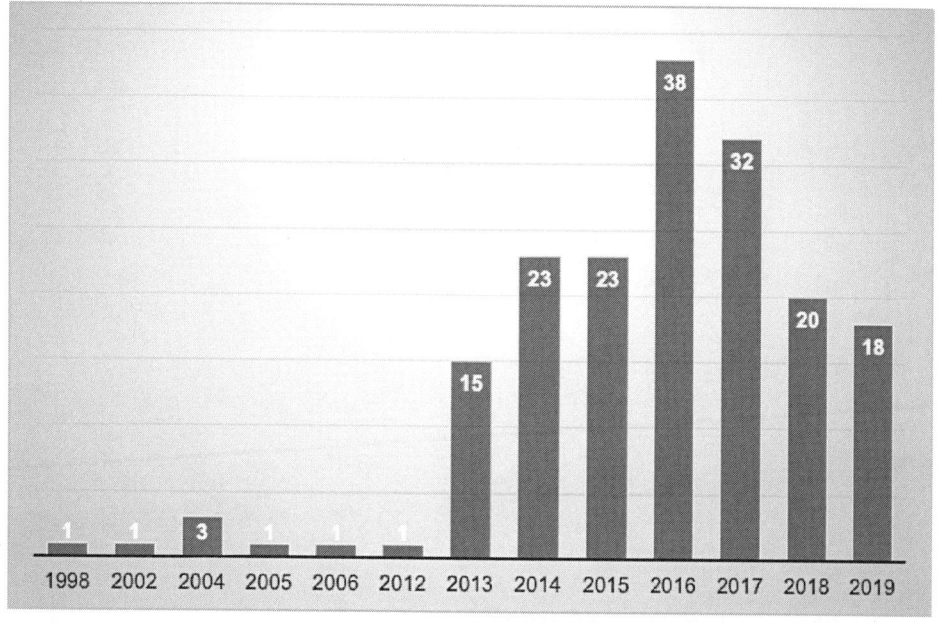

*El 95,5% de los casos recopilados ocurrieron entre 2013 y 2019.

3.3. Resultados

El gráfico EMD mostrado en la Figura 5 representa la distribución espacial de 81 casos de agresión sexual a partir de las 26 variables conductuales dicotómicas descritas anteriormente. La configuración revela conglomerados de conducta de agresores en provincias urbanas de alta densidad —Madrid, Barcelona, Vizcaya—, lo que sugiere tipologías internamente coherentes moldeadas por características contextuales urbanas.

Figura 5.
Configuración de escalamiento multidimensional (EMD) para provincias
con densidad poblacional > 500 habitantes/km²

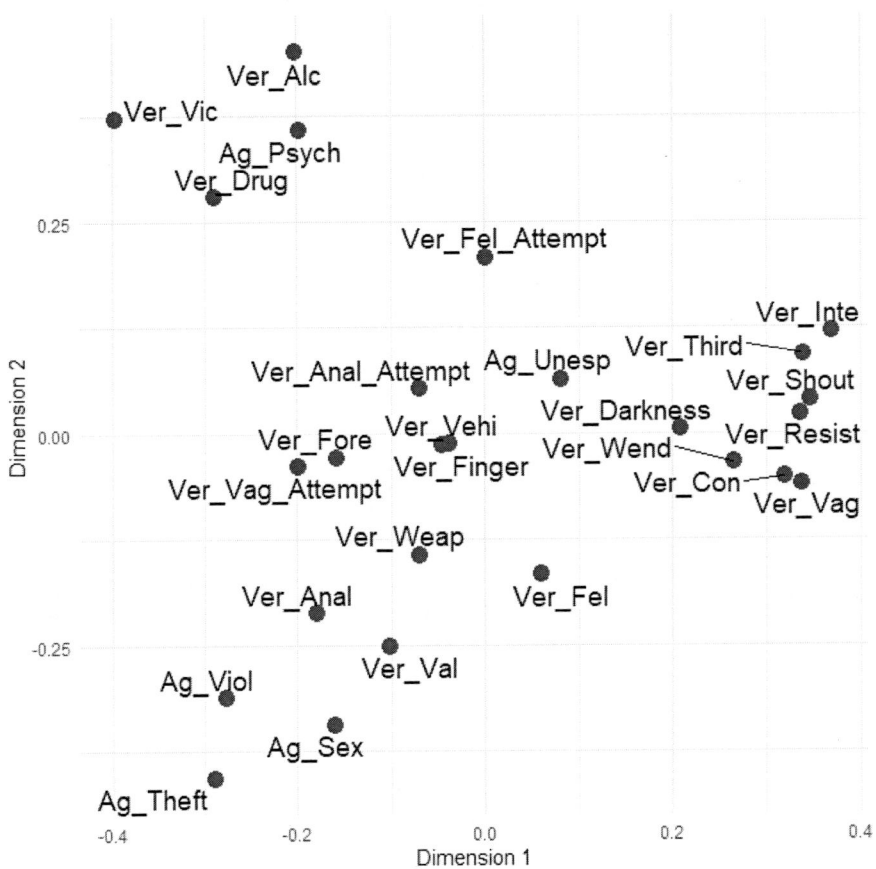

El EMD mostrado en la Figura 6 presenta la distribución de los 96 casos de agresión sexual ocurridos en provincias con baja densidad poblacional. La agrupación conductual observada sugiere tipologías de agresores diferenciadas, potencialmente influenciadas por condiciones ambientales rurales o semiurbanas, tales como menor vigilancia y mayor necesidad de movilidad para alcanzar a las víctimas potenciales.

Figura 6.
**Configuración de escalamiento multidimensional (EMD) para provincias
con densidad poblacional < 500 habitantes/km²**

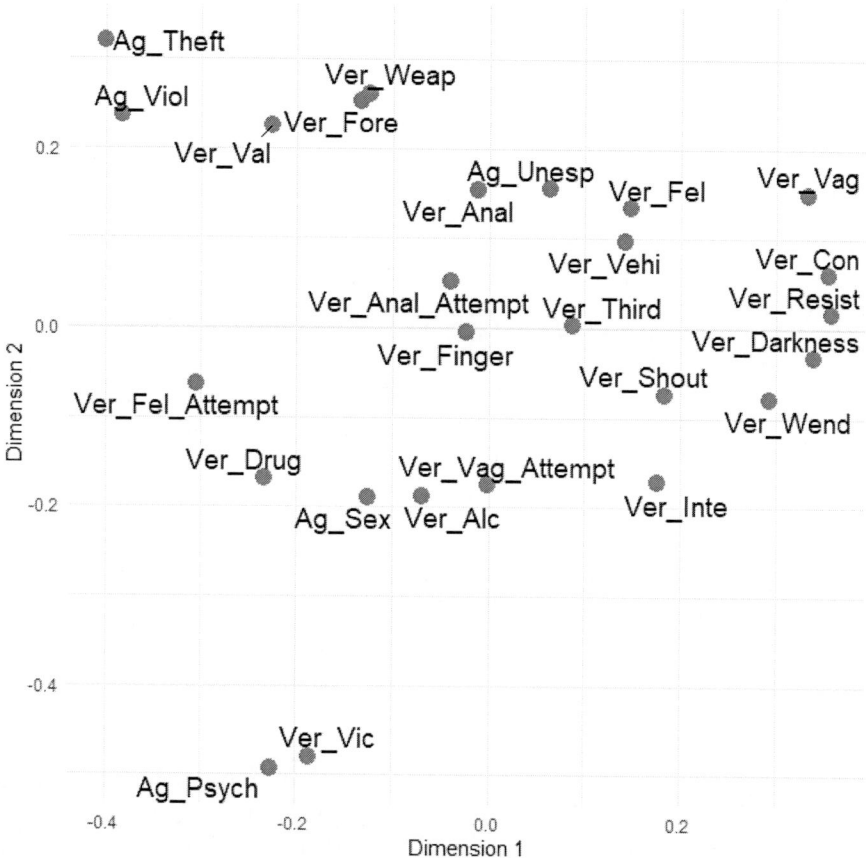

El análisis de Procrustes mostrado en la Figura 7 evalúa el grado de similitud estructural entre las dos configuraciones de los EMD descritos. A pesar de la presencia de cierto solapamiento, la distorsión espacial indica una divergencia conductual entre los perfiles de los agresores en contextos de alta densidad frente a los de baja densidad, lo que respalda la tesis de una influencia de las variables ambientales-ecológicas. Las flechas indican la transformación de Procrustes desde la configuración MDS de >500 hacia la de <500 habitantes/km².

Figura 7.
Análisis de Procrustes. Comparación de configuraciones MDS entre provincias de alta y baja densidad poblacional

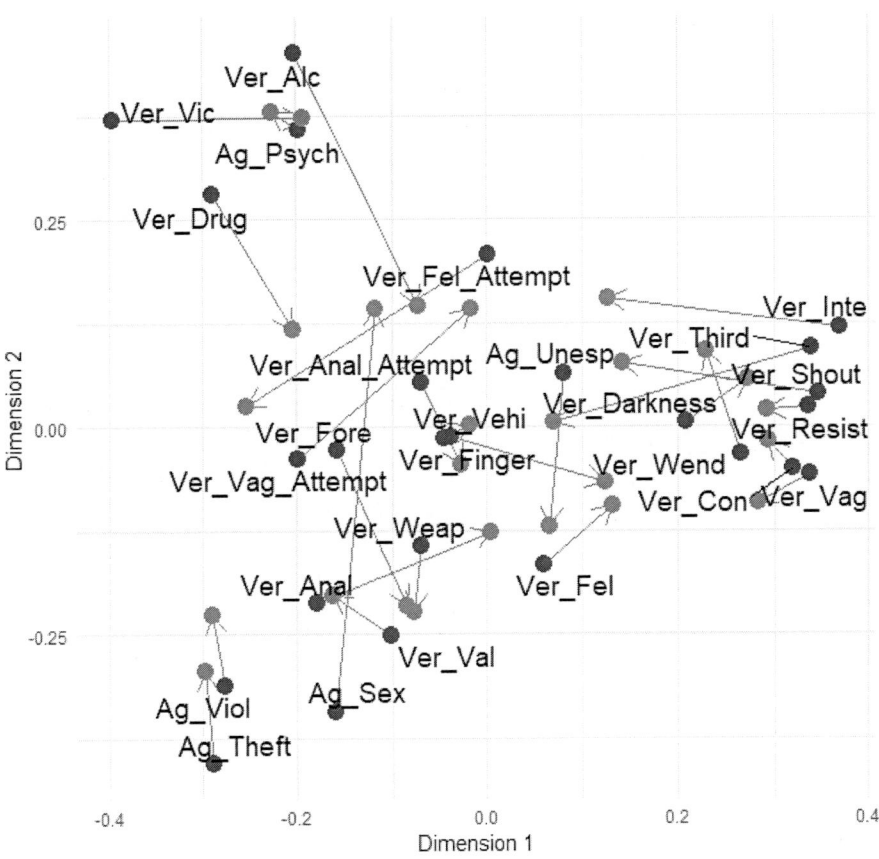

Los vectores residuales[9] mostrados en la Figura 8 nos permiten observar las discrepancias entre los puntos emparejados en la comparación

---

[9]   Para el lector no familiarizado, digamos que un "gráfico de residuos" (Figuras 7 y 8) en el contexto de un análisis Procrustes es una herramienta visual que permite evaluar la calidad del ajuste entre dos configuraciones espaciales (por ejemplo, dos conjuntos de coordenadas de puntos) después de que una ha sido transformada para alinearse con la otra. El gráfico de residuos muestra: 1) vectores de residuos, o líneas que conectan cada punto en la configuración original con su correspondiente punto transformado (ajustado);

de Procrustes. Los vectores residuales más grandes sugieren variables o conglomerados de casos que difieren con mayor fuerza entre los contextos de diferente densidad poblacional, destacando las diferentes dimensiones de la conducta del agresor como elementos sensibles a la estructura ambiental específica.

Figura 8.
Vectores residuales de la transformación de Procrustes entre configuraciones de alta y baja densidad

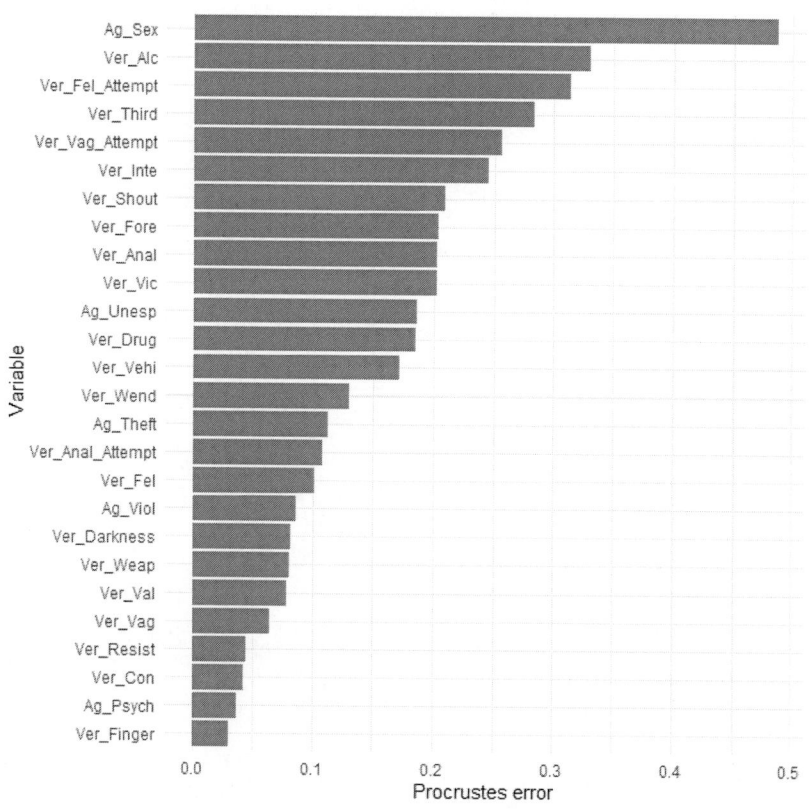

2) longitud del vector, que indica el tamaño del error o discrepancia entre los puntos antes y después del ajuste; y 3) dirección del vector, que muestra hacia dónde se movió cada punto durante el ajuste. Este gráfico permite ver qué puntos se ajustaron bien (vectores cortos) y cuáles no (vectores largos), lo que puede indicar problemas en la correspondencia entre las configuraciones o variabilidad estructural.

El Índice de Jaccard Corregido (CJI)[10] obtenido de la comparación entre las soluciones de clúster de provincias de alta densidad —más de 500 habitantes/km²— y de baja densidad —menos de 500 habitantes/km²— fue de 0,35. El Índice de Rand Ajustado (ARI)[11] fue de 0,27. Estos valores reflejan el grado de similitud entre los dos resultados de agrupamiento basados en variables conductuales de los agresores. El relativamente bajo índice de Jaccard corregido (0,35) y el Índice de Rand Ajustado (0,27) indican un solapamiento modesto entre las tipologías derivadas de los contextos provinciales de alta y baja densidad. En otras palabras: la composición y estructura de los clústeres de agresores varían considerablemente según los niveles de densidad poblacional.

3.3.1. *Perfiles encontrados en provincias españolas con más de 500 habitantes/km² (Madrid, Barcelona y Vizcaya): Clústeres 1 a 4*

A continuación se ofrece una descripción de los clústeres y los tipos correspondientes de agresores sexuales hallados en provincias españolas según los criterios demográficos seleccionados y el análisis realizado.

Se observará que existe una variabilidad significativa, entre Madrid y Barcelona, que no puede explicarse únicamente por factores psicológicos o psiquiátricos y que solo puede entenderse desde una perspectiva ambiental y ecológica integral. La conducta, sea cual sea su forma final, está profundamente mediada por las circunstancias en que ocurre.

En el clúster 1 se encuentran ofensores con problemas psicológico-psiquiátricos influidos por consumo de sustancias, con capacidades

---

[10]   Este índice mide el grado de similitud entre dos conjuntos, independientemente del tipo de elementos, tomando un valor máximo de uno cuando las dos soluciones de agrupamiento coinciden.

[11]   Índice que proporciona una medida de similitud entre dos soluciones de agrupamiento diferentes, tomando un valor máximo de uno cuando las dos soluciones coinciden.

disminuidas. Los agresores sexuales aquí incluidos tienen antecedentes de problemas psiquiátricos y cometieron su delito bajo la influencia de alcohol, drogas y/o fármacos. Cabe destacar, pues, que sus capacidades volitivas e intelectuales estaban disminuidas durante la agresión. Este perfil sugiere impulsividad, muy posible desorganización conductual y bajo autocontrol. Existe, por tanto, un componente de salud mental o de abuso de sustancias que desempeña un papel criminógeno clave.

Los agresores incluidos en el clúster 2 muestran agresión instrumental/oportunista con conciencia forense. Los agresores insertos aquí desplegaron una conducta instrumental desarrollada, utilizando vehículos y armas, e intentando —o culminando— múltiples modalidades de penetración —vaginal, anal y oral—. La presencia de conciencia forense sugiere cierta planificación o, al menos, esfuerzos para evitar ser interrumpido, así como la detección posterior. También presentaban antecedentes delictivos no especificados, insinuando con ello un posible trasfondo delictivo versátil.

El clúster 3 incluye agresores interrumpidos durante la agresión y cuyas víctimas se resistieron al ataque. Este grupo concentra agresiones interrumpidas o incompletas, donde la víctima resistió o gritó y atrajo con ello la intervención de terceros que detuvieron la agresión. La aproximación a la víctima fue no sorpresiva — hubo aproximación con engaño— y la mayoría de los incidentes ocurrieron de noche y durante el fin de semana. La existencia de penetración vaginal sugiere agresiones consumadas pese a los intentos de interrupción. Probablemente se trataba de eventos desarrollados en entornos públicos o semipúblicos en los que el riesgo de ser descubierto era mayor.

El clúster 4, finalmente, presenta agresores con un historial delictivo complejo y penetración consumada. Este perfil apunta a sujetos reincidentes con antecedentes de delitos sexuales, robos y violencia que cometieron penetración anal y robaron a la víctima objetos de valor durante la agresión. Este clúster, por lo tanto, recoge a agresores depredadores, criminalmente versátiles, potencialmente experimentados y endurecidos, agresivos y oportunistas.

3.3.2. Perfiles encontrados en provincias españolas con menos de 500 habitantes/km² (todas excepto Madrid, Barcelona y Vizcaya): Clústeres A, B y C

El clúster A, en este caso, incluye agresores con condenas sexuales previas y rasgos de capacidad mental disminuida. Los agresores sexuales aquí insertos presentaron diagnósticos psiquiátricos previos y antecedentes de delitos sexuales. Durante la agresión estaban bajo la influencia de alcohol y/o drogas y presentaron capacidades volitivas e intelectuales disminuidas. La agresión incluyó intentos de penetración vaginal y felación, pero los actos fueron incompletos y no se consumaron. Su conducta sugiere un control deteriorado, posiblemente debido a una combinación de inestabilidad psicológica y consumo de sustancias. Estos agresores muestran un patrón de agresión sexual persistente pero altamente desorganizada.

En el clúster B se presentan agresiones en contextos públicos con múltiples formas de ataque. Se trata de un clúster de amplio espectro que combina múltiples tipos de penetración, formas de resistencia de la víctima, interrupción y elementos de contexto público —por ejemplo, aparición de terceros, o uso de vehículos—. Las agresiones ocurrieron de noche o en fines de semana y los agresores tenían antecedentes delictivos no especificados. Este clúster sugiere escenarios complejos y de alto riesgo, implicando muy posiblemente múltiples localizaciones y agresiones de duración variable.

El clúster C agrupa agresores criminalmente versátiles y con conciencia forense. Aquí se incluyen agresores con versatilidad criminal —con antecedentes de robo y violencia—, que utilizaron armas, robaron objetos de valor a sus víctimas durante la agresión y mostraron una conciencia forense elaborada y compleja —por ejemplo, uso de guantes, estrategias para evitar rastros de ADN y etcétera—. Estos pueden ser agresores estratégicos, o bien depredadores, probablemente reincidentes que intentan controlar tanto a la víctima como la escena para eludir una eventual detección y detención.

3.4. Discusión

Asumiendo que el objetivo del presente estudio fue explorar si la conducta del agresor y las características de la escena del crimen en agresiones sexuales cometidas por desconocidos varían en función de la densidad poblacional, encontramos que los resultados descritos respaldan de forma robusta tal hipótesis. Así, cabe afirmar que la densidad poblacional ejerce una influencia significativa sobre los patrones contextuales y conductuales durante la comisión de estos delitos.

Los análisis de EMD realizados por separado para provincias españolas de alta y baja densidad revelaron distintos clústeres conductuales de los agresores, lo cual se corroboró mediante el análisis de Procrustes. El CJI (0,35) y el ARI (0,27) confirmaron un solapamiento modesto entre las tipologías, indicando que las conductas de los agresores y las circunstancias de las agresiones divergen considerablemente entre entornos urbanos y rurales. En áreas de alta densidad —Madrid, Barcelona, Vizcaya— las tipologías de agresores exhibieron mayor conciencia forense, oportunismo instrumental e interacciones que implicaron resistencia de la víctima e intervención de terceros. Ello sugiere que la interacción víctima-victimario se produjo muy a menudo en escenarios públicos o semipúblicos. Por el contrario, los agresores en provincias de baja densidad mostraron patrones caracterizados por capacidades disminuidas durante las agresiones, así como una amalgama de conductas desorganizadas y estratégicas que implican mayor movilidad y control del entorno.

Cuando los resultados de este estudio se yuxtaponen al *Alaska Sexual Assault Nurse Examiner Study* (Rosay & Henry, 2008), el contraste en el enfoque y las implicaciones de este resultan particularmente instructivas. Mientras que nuestro estudio analiza los patrones conductuales de los agresores en relación con la densidad poblacional utilizando un marco de perfilación criminológica, el informe de Alaska se centra principalmente en resultados forenses basados en la víctima, en

particular en la presencia o ausencia de lesiones genitales y sus implicaciones para las resoluciones legales. Sin embargo, ambos estudios
convergen en una intuición criminológica crucial: los factores ambientales y contextuales median de forma significativa las características
y los desenlaces de los casos de agresión sexual. Específicamente, el
estudio de Alaska observó que ni el tiempo transcurrido desde la agresión hasta la denuncia ni la condición de la víctima en el momento de
la agresión —sobria, intoxicada, incapacitada— tuvieron un impacto
estadísticamente significativo en la presencia de lesiones genitales ni
en los resultados legales. Este hallazgo sugiere que las características
intrínsecas de la víctima o de la agresión son predictores insuficientes de la dinámica de la agresión o de la progresión del proceso penal
cuando no se consideran factores contextuales más amplios que do-
ten de perspectiva al análisis de la agresión (Rosay & Henry, 2008).
Del mismo modo, el presente estudio evidencia que las tipologías
conductuales de los agresores no son invariantes, sino contingentes al
entorno: los contextos rurales y urbanos produjeron perfiles de agresores marcadamente distintos.

Una segunda capa de comparación resalta las implicaciones diferenciales de ambos trabajos para el diseño de las estrategias de
justicia penal. El estudio de Alaska señaló que las lesiones no genitales
—que a menudo reflejan fuerza física y agresión situacional— tuvieron mayor valor predictivo para las resoluciones legales que las
lesiones genitales en sí mismas. En contraste, nuestros hallazgos sugieren que la complejidad conductual y la conciencia forense —por
Ejemplo, el uso de guantes y el uso estratégico de vehículos— están
moduladas por rasgos ambientales urbanos, lo que a su vez podría
incidir en las tasas de éxito investigativo según el grado de sofisticación del agresor. Además, en ambos estudios, el uso de análisis
multivariables reveló que los marcadores conductuales o forenses
singulares son insuficientes: la interacción de múltiples variables
y su enmarque contextual es clave para comprender y predecir las
trayectorias de los casos. Por ello, al distinguir entre tipologías de
agresores moldeadas por la densidad poblacional, nuestro enfoque

añade una dimensión situacional en gran medida ausente del informe de Alaska, que permanece predominantemente centrado en la víctima. Así, mientras el trabajo de Rosay y Henry hace avanzar la comprensión forense y procesal al ilustrar las limitaciones que conlleva el depender exclusivamente de los hallazgos médicos, el presente estudio amplía el análisis del comportamiento criminológico validando empíricamente la maleabilidad situacional de la conducta del agresor, particularmente en respuesta a restricciones y posibilidades ambientales.

La sensibilidad al contexto que aporta la presente investigación tiene resonancias en el marco propuesto por Chambers, Horvath y Kelly (2010) en su estudio sobre la violación con múltiples perpetradores (MPR). Aunque el foco de su trabajo se concentró en los delitos sexuales grupales dentro de un contexto urbano del Reino Unido, cabe observar varios paralelismos significativos entre su trabajo y el nuestro. Ambos estudios enfatizan que la conducta del agresor no es homogénea, sino que se organiza en torno a trayectorias o tipologías conductuales discernibles que son sensibles a elementos situacionales —ya sea la dinámica grupal en MPR o la estructura espacial-ambiental en las agresiones cometidas por desconocidos—.

Una convergencia destacable entre el trabajo aquí expuesto y el de Chambers et al. (2010) concierne al papel que se concede a las posibilidades ambientales en relación con la toma de decisiones del agresor. En ambas propuestas los agresores adaptan su modus operandi a las oportunidades y restricciones presentes: por ejemplo, en nuestro trabajo los entornos de alta densidad propiciaron tipologías que implican mayor conciencia forense y conducta instrumental, de manera similar a los estilos de "criminalidad" y "dominación" identificados en contextos MPR. Del mismo modo, en contextos rurales, los agresores exhibieron conductas que sugieren espontaneidad o desorganización, en paralelo con las observaciones de Chambers et al. sobre trayectorias impulsadas por la intimidad o centradas en la violencia cuando la vigilancia ambiental era menor. Sin embargo, una diferencia crítica radica en la operacionalización de la cooperación entre agresores.

El presente estudio, por diseño, excluyó los delitos en grupo y se centró exclusivamente en agresiones cometidas por un solo desconocido, mientras que Chambers et al. (2010) enfocaron su análisis en delitos cometidos por dos o más perpetradores. Esta diferencia de alcance afecta la interpretación de las tipologías conductuales. Por ejemplo, el clúster de "sexualidad" hallado por Chambers et al., caracterizado por penetraciones múltiples basadas en el grupo y conducta voyerista, no tiene un análogo directo aquí presentado, donde las agresiones fueron eventos de un único agresor y, por lo tanto, se encuadraron principalmente en la interacción agresor-víctima, ausentes de las dinámicas entre pares.

Otra distinción concierne a la estructuración temporal del delito. Chambers et al. (2010) desarrollaron un "modelo de trayectorias" que enfatizó etapas como contacto inicial, creación de oportunidad, desplazamiento, comisión del delito y conducta posterior al delito. Si bien el presente estudio no adoptó un modelo explícitamente temporal, el análisis de clúster reveló dimensiones temporales implícitas: así, por ejemplo, la mayor prevalencia de ataques nocturnos y durante los fines de semana en ciertos clústeres sugiere que la estructuración temporal sigue siendo una variable destacada incluso en contextos de un solo agresor. Además, ambos estudios subrayan la importancia criminológica de la conciencia forense del agresor. En entornos urbanos, los agresores mostraron premeditación para minimizar rastros forenses, en línea con el tipo denominado "criminalidad" delineado por Chambers et al. (2010). Esta convergencia pone de relieve que la sofisticación del agresor no es meramente un rasgo individual, sino que también responde a restricciones ambientales como la densidad de la vigilancia y la mayor o menor presencia policial.

La investigación de Corovic et al. (2012) se centra predominantemente en el tipo de agresor —es decir, violadores de una sola víctima frente a violadores seriales— como la principal fuente de diferenciación conductual, mientras que el presente estudio se enfoca en variables contextuales —específicamente la densidad poblacional— como elemento que modela la conducta del agresor. Es fácil ver que ambos estudios reconocen que las conductas en la escena del crimen no son aleatorias, sino que presentan patrones, lo cual es lógico. Sin embargo, difieren marcadamente en los factores que se considera responsables de dichos patrones. En el presente estudio, los análisis de EMD revelaron tipologías conductuales distintas entre las agresiones cometidas en provincias de alta y baja densidad, hallazgo respaldado por los análisis de Procrustes y de clúster realizados. Los conglomerados conductuales fueron significativamente diferentes entre entornos, lo que sugiere que las estructuras de oportunidad, los niveles de anonimato y las restricciones ambientales modulan directamente los patrones de agresión sexual. Por el contrario, Corovic et al. (2012) identificaron diferencias conductuales, principalmente, en función de si el agresor era un violador de una sola víctima o un violador serial, independientemente del contexto ambiental. Sus hallazgos enfatizaron conductas interpersonales —por ejemplo, besar a la víctima— y sofisticación criminal —por ejemplo, conciencia forense, tácticas de control— como diferenciadores críticos, prestando menos atención a las variables ambientales.

Coincidimos con el trabajo de Corovic et al. (2012), sin embargo, en ciertos temas de alcance más amplio. Por ejemplo, la conciencia forense —identificada en el presente estudio como característica de clústeres específicos de agresores tanto en contextos de alta como de baja densidad— fue también un rasgo distintivo entre los violadores seriales en el trabajo de Corovic y colaboradores. De manera similar, las conductas relacionadas con el control —por ejemplo, uso de armas e intimidación de la víctima— aparecieron en ambos conjuntos de datos asociadas con formas de agresión más sofisticadas, ya sea impulsadas por el tipo de agresor —serialidad— o por las posibilidades ambientales —anonimato urbano frente exposición rural—. No obstante, y pese a todo, son evidentes algunas divergencias muy significativas. Nuestro resultados muestran que los entornos rurales o semiurbanos fomentan conductas vinculadas a mayor movilidad y exposición pública —como agresiones con uso de vehículos e incidentes ocurridos de noche o en fines de semana—, formando clústeres caracterizados por riesgos de interrupción y agresiones oportunistas.

En contraste, Corovic et al. (2012) no exploraron de forma sistemática cómo el contexto influía en dichas conductas, centrándose en los rasgos internos del agresor y en su evolución conductual a lo largo de las ofensas. Además, el Índice de Rand Ajustado (ARI = 0,27) y el Índice de Jaccard Corregido (0,35) reportados por nuestro modelo implican una divergencia conductual considerable atribuible a la densidad poblacional. Estos modestos solapamientos subrayan la centralidad del contexto en la comprensión de las conductas en la escena del crimen, noción menos enfatizada en Corovic et al. (2012), donde predictores conductuales como "besó a la víctima" o "controló a la víctima" se plantearon como indicadores relativamente estables del tipo de violador, independientemente de las circunstancias externas. En conjunto, y por todo lo expuesto, estos hallazgos sugieren implicaciones de perfilación complementarias, pero en realidad distintas. Mientras Corovic et al. (2012) aportaron información importante para distinguir entre violadores seriales y de una sola víctima basándose en patrones conductuales intrínsecos, el presente estudio destaca la necesidad de integrar factores contextuales como la densidad poblacional para evitar errores de clasificación y mejorar la validez ecológica de los perfiles.

Al yuxtaponer estos hallazgos con el estudio de Beauregard y Martineau (2013) sobre homicidios sexuales en Canadá, emergen varias convergencias y divergencias temáticas. Coincidimos en que la conducta del agresor es altamente sensible a las condiciones ambientales, ecológicas y situacionales, aunque la naturaleza de los delitos estudiados difiere —agresión sexual no letal frente a homicidio sexual—. Beauregard y Martineau identificaron una amplia heterogeneidad entre los homicidas sexuales, señalando que el ensañamiento —*overkill*—, la conciencia forense y las adaptaciones complejas del modus operandi estaban presentes, pero no de manera universal, y a menudo moldeadas por diversas características del agresor como la experiencia criminal previa, tendencias parafílicas y conciencia forense. De manera crítica, nuestros hallazgos sobre la conciencia forense entre agresores urbanos —especialmente en el clúster 2— se hacen eco de las observaciones de Beauregard y Martineau de que una minoría de homicidas sexuales desplegaba estrategias calculadas para evitar la detección. En ambos trabajos, la exhibición de conciencia forense fue más prevalente entre agresores con antecedentes criminales y parecía asociada con una comprensión de las prácticas investigativas. Sin embargo, mientras Beauregard y Martineau reportaron que el 30,6% de sus homicidas sexuales empleó estrategias de conciencia forense —por ejemplo, limpiar la escena del crimen o usar guantes—, nuestros violadores desconocidos urbanos desplegaron contramedidas forenses de forma más selectiva y principalmente a través de la gestión de la escena —por ejemplo, mediante uso de preservativos o guantes— más que mediante la disposición compleja de cuerpos o estrategias de simulación que fueron prevalentes entre los homicidas sexuales canadienses.

En cuanto a la interacción víctima-victimario, ambos conjuntos de datos destacan el papel significativo de la resistencia de la víctima y de las intervenciones de terceros en la interrupción de los delitos. En nuestra muestra urbana los gritos de la víctima, la resistencia y la presencia de terceros caracterizaron uno de los clústeres principales. De manera similar, Beauregard y Martineau hallaron que alrededor del 40% de sus homicidas sexuales usaron engaños para aproximarse a las víctimas, y que hubo interrupciones externas —por ejemplo, en agresiones en contextos públicos— que ocasionalmente frustraron los planes de los agresores. Sin embargo, en el contexto del homicidio sexual tales interrupciones tenían menos probabilidades de impedir desenlaces fatales. Una cuestión aún a debate en el modelo judicial español, pues el hecho es que en España las agresiones sexuales detectadas rara vez terminan en homicidio. Del mismo modo, los daños físicos graves también son poco frecuentes estadísticamente en nuestro país, pese a la importancia excesiva que los tribunales tienden a otorgarles a la hora de evaluar los casos, fijar criterios de prueba y dictar sentencias, lo cual tiende a introducir un sesgo interpretativo poco benéfico para los intereses de las víctimas (Ballesteros, Blanco & Rubio, 2024).

Un punto de divergencia notable se refiere a la movilidad y a la dinámica espacial. Nuestros clústeres de agresores rurales indican una necesidad marcada de movilidad y de explotación ambiental, probablemente como respuesta a una menor vigilancia habitual y a mayores distancias entre las víctimas potenciales y los transeúntes. De manera similar, Beauregard y Martineau (2013) encontraron que los homicidas sexuales canadienses a menudo operaban en entornos exteriores aislados y utilizaban múltiples escenas del crimen para reducir el riesgo de detección. Sin embargo, los agresores rurales españoles presentes en nuestro estudio demostraron un patrón de agresiones incompletas —por ejemplo, intentos de penetración más que penetraciones consumadas—, lo que sugiere un nivel de desorganización o una interrupción circunstancial no observada típicamente en la muestra de Beauregard y Martineau, donde las agresiones culminaban en homicidio. El presente estudio refuerza la noción planteada por Beauregard y Martineau (2013) de que las variables contextuales y situacionales moldean de manera crítica la conducta del agresor. Sin embargo, la naturaleza y la gravedad de los delitos, el nivel de conciencia forense y el grado de organización conductual en el agresor parecen variar sistemáticamente en función de características ambientales como la densidad poblacional, la estructura de oportunidades y la urbanización. Por lo tanto, los modelos de perfilación deben integrar estas variables contextuales para mejorar la precisión, evitando así el riesgo inherente a la elaboración de descripciones de agresores descontextualizadas.

El presente estudio complementa y amplía, asimismo, las aportaciones al ámbito de la geografía del delito urbano y la perfilación geográfica articuladas por Ceccato (2014). Ciertamente, ambas investigaciones destacan el papel del contexto ambiental en la configuración de la violencia sexual, pero el hecho es que abordan esta interacción desde perspectivas distintas pero mutuamente reforzantes. Los resultados de nuestro trabajo encuentran un fuerte paralelismo con el trabajo de Ceccato (2014) sobre la ciudad de Estocolmo, que también identifica las estructuras de oportunidad espacial como críticas para comprender las agresiones sexuales al aire libre. Ceccato informa que los lugares de violación no se distribuyen aleatoriamente, sino que se concentran en microentornos urbanos específicos que combinan elementos muy concretos: baja visibilidad, rutas de escape fáciles y, a menudo, proximidad a nodos de transporte. La concentración de violaciones al aire libre en distritos de ocio durante los fines de semana y en los meses cálidos resalta además cómo las actividades recreativas no estructuradas se cruzan con las vulnerabilidades ambientales —una dinámica reflejada en las tipologías urbanas de clústeres de nuestro estudio, que involucran resistencia de la víctima e intervención de terceros por la noche y en fines de semana—. Asimismo, ambos estudios refuerzan la aplicabilidad de la teoría de las actividades rutinarias propuesta por Cohen y Felson (1979)[12], así como de la teoría de los patrones delictivos que aportaron Brantingham y Brantingham (1993)[13]. españolen nuestro trabajo sucede que las conductas de los agresores reflejan adaptaciones a diferentes niveles de guardianía y estructuras ambientales de oportunidad, moldeadas por la densidad poblacional, las víctimas potenciales y la presencia de vigilantes capaces. De manera similar, el análisis de Ceccato subraya que la estructura urbana y los ritmos temporales —como el movimiento diario y estacional de las personas— generan condiciones criminógenas que los agresores explotan. En ambos casos, las estrategias delictivas de los agresores parecen ser altamente sensi-

---

[12] Esta teoría sostiene, sumariamente, que el delito ocurre cuando coinciden tres elementos en el mismo tiempo y espacio: 1) un delincuente motivado; 2) un objetivo adecuado; y 3) la ausencia de un guardián capaz. Así, este enfoque se centra en las oportunidades delictivas generadas por las rutinas cotidianas, más que en las características personales del delincuente.

[13] Esta teoría es un clásico de la criminología ambiental que ha inspirado otros planteamientos posteriores. Sostiene que los delitos no ocurren al azar, sino que siguen patrones espaciales y temporales influenciados por el entorno y las rutinas de los delincuentes. Los Brantingham desarrollaron modelos que explicaban cómo los delincuentes elegían lugares para delinquir basándose en su conocimiento del entorno y en sus movimientos cotidianos.

bles al entramado espacial y temporal del entorno, más que guiones conductuales fijos. Cabe destacar que Ceccato (2014) también llama la atención sobre la variabilidad de las características de los lugares del delito a lo largo del tiempo y atendiendo a diferentes morfologías urbanas, señalando, por ejemplo, una mayor concentración de violaciones en el centro de Estocolmo durante las noches de verano y en las periferias suburbanas durante las tardes de invierno. Esta comprensión espacio-temporal matizada se alinea con la evidencia hallada en nuestro estudio de que los patrones de agrupamiento de los agresores en España difieren no solo por densidad, sino también por condiciones situacionales ligadas a elementos temporales —como oscuridad, fines de semana— y espaciales —como proximidad al transporte, áreas de consumo de alcohol—.

En la misma línea, cuando los resultados del presente estudio se sitúan en paralelo al análisis ecológico realizado por Ceccato, Li y Haining (2018), en Estocolmo, surge una imagen más clara de cómo las variables estructurales y ambientales moldean los patrones de la agresión sexual cometida por desconocidos, subrayando el papel crítico de los entornos ambientales en la modulación de la conducta del agresor. En el trabajo que aquí presentamos se encontraron tipologías de agresores distintas para provincias españolas de alta densidad —urbanas— y de baja densidad —rurales/semiurbanas—, con divergencias claras en los agrupamientos conductuales y en los perfiles tipológicos. De manera similar, Ceccato et al. (2018) mostraron que factores como la accesibilidad, la oportunidad y el anonimato influyeron de manera crítica en la distribución espacial de los casos de violación al aire libre en la capital sueca. En particular, señalaron los nodos de transporte y los barrios socioeconómicamente desorganizados como riesgos clave en este contexto. En ambos estudios, el papel de la accesibilidad —así el uso de vehículos o la proximidad a estaciones de metro— y del anonimato —así las zonas con escasa vigilancia— emergen como elementos fundamentales para facilitar la agresión sexual cometida por desconocidos.

No obstante, también cabe destacar contrastes importantes entre ambas investigaciones. Ceccato et al. se enfocaron en factores de riesgo ambientales agregados a nivel mesoespacial mediante un enfoque bayesiano de dos etapas, captando las estructuras ecológicas de riesgo de barrios enteros[14]. En cambio, nuestro estudio se concentra en conductas individuales de agresores extraídas de sentencias judiciales, comparando tipologías entre contextos urbanos y rurales mediante EMD y análisis de clúster. Así, mientras en el estudio de Ceccato et al. se enfatizaron las estructuras de oportunidad externas a los agresores —como la capacidad del entorno para generar víctimas vulnerables—, el presente estudio pone mayor énfasis en cómo la densidad contextual condiciona las expresiones conductuales internas del agresor durante el acto delictivo. De manera interesante, Ceccato et al. (2018) hallaron que el anonimato y la accesibilidad ambientales eran predictores más fuertes de violaciones al aire libre que las medidas puras de oportunidad —por ejemplo, la mera presencia de población femenina—, mientras que nuestro modelo indica que los contextos de alta densidad favorecieron conductas más instrumentales y con mayor conciencia forense —así uso estratégico de vehículos y armas— en comparación con los patrones más desorganizados hallados en provincias de baja densidad. En consecuencia, ambos estudios coinciden en sugerir que los entornos urbanos condicionan a los agresores hacia estrategias delictivas más complejas, oportunistas y orientadas a mitigar riesgos, mientras que los contextos rurales o semiurbanos permiten —o quizá requieren— mayor improvisación e impulsividad.

---

[14] En lugar de asumir que los datos por sí solos nos dan la respuesta —como sucede en el enfoque frecuentista—, el enfoque bayesiano o basado en el Teorema de Bayes: 1) parte de una creencia previa llamada *prior*; 2) incorpora nueva evidencia en forma de datos observados; y 3) actualiza la creencia inicial para obtener una *posterior*, que es una nueva estimación más informada. Por ejemplo: si creemos que hay un 30% de probabilidad de lluvia mañana —*prior*—, y luego vemos que el cielo está muy nublado —*evidencia*—, el enfoque bayesiano permite combinar la creencia inicial con la nueva evidencia para calcular una probabilidad actualizada —*posterior*— de que llueva.

Otra capa de comparación interesante que conviene mencionar concierne a los enfoques metodológicos: Ceccato et al. (2018) emplearon modelos jerárquicos bayesianos y de regresión de perfiles para inferir clústeres ecológicos locales de riesgo, mientras que nuestro estudio utilizó el análisis de Procrustes para comparar estructuralmente los patrones conductuales entre niveles de densidad. El menor ARI (0,27) y el CJI (0,35) de nuestro trabajo demuestran cuantitativamente que las tipologías de agresores varían sustancialmente entre distintos contextos de densidad, reforzando las divergencias ecológicas cartografiadas en el caso de Estocolmo a través de diferentes lentes analíticas. Finalmente, ambos estudios convergen en una implicación criminológica crítica: las estrategias de prevención del delito deben ser sensibles a las condiciones ambientales y ecológicas locales. Ceccato et al. (2018) abogan por estrategias de diseño urbano y de vigilancia policial específicamente diseñadas en función del contexto específico —*whole journey approach*— mientras que nuestros hallazgos sugieren que los esfuerzos de perfilación de agresores también deben adaptarse ecológicamente, integrando factores como la densidad poblacional y la estructura ambiental-ecológica para producir descripciones precisas y operativas de los ofensores que permitan prevenir y ayuden a investigar.

Almond, McManus y Curtis (2018), por su parte, exploraron si las conductas delictivas de los violadores desconocidos permitían discriminar entre agresiones sexuales cometidas en el Reino Unido por atacantes británicos y no británicos. Este estudio y el presente trabajo comparten, pues, una premisa subyacente: que las conductas de los agresores en la escena del crimen no se distribuyen aleatoriamente, sino que están moldeadas por variables contextuales externas —ya sean características ambientales, como la densidad poblacional, o dimensiones socioculturales, como el origen nacional—. Sin embargo, mientras que Almond et al. enfatizaron la nacionalidad como un determinante, el presente estudio asume que la nacionalidad por sí misma no puede obrar como un elemento explicativo del delito, por lo que opta por destacar la estructura ambiental, particularmente el grado de urbanización medido por la densidad poblacional. En ambos casos se observó una variabilidad conductual significativa entre los grupos. Almond et al. (2018) hallaron que los no británicos eran más propensos a bloquear puntos de entrada/salida, usaban un grado de violencia mínimo, portaban armas de fuego y cometían sus delitos valiéndose de la oscuridad. De manera similar, el presente estudio señaló que los agresores que actuaban en áreas de menor densidad mostraban conductas potencialmente asociadas con mayores requerimientos de movilidad y menores niveles de intervención de terceros, lo que es consistente con la noción de una vigilancia disminuida y un mayor control del agresor sobre el escenario.

Sea como fuere es importante destacar que el trabajo de Almond y colaboradores y el nuestro convergen en la idea de que las expresiones conductuales específicas no se distribuyen de manera equitativa entre los contextos estudiados. El presente estudio encuentra que las áreas urbanas de alta densidad generaron tipologías que implicaban mayor conciencia forense y planificación estratégica —como uso de armas, uso de vehículos y penetraciones múltiples—, lo cual guarda paralelismos con la observación de Almond et al. de que ciertas conductas en la escena del crimen, como la destrucción de pruebas forenses, eran más frecuentes entre los agresores británicos que entre los no británicos. En ambos casos, puede que una mayor exposición vital a entornos forenses policiales avanzados pueda condicionar a los agresores a anticipar técnicas investigativas, moldeando así las conductas delictivas hacia precauciones estratégicas. Por el contrario, la presencia de conductas impulsivas o desorganizadas en provincias de baja densidad, como se observó en el presente estudio —así la presencia de agresiones intentadas más que consumadas o capacidades volitivas disminuidas bajo el consumo de sustancias—, converge con los hallazgos de Almond et al., según los cuales los no británicos, potencialmente menos familiarizados con el contexto forense muy desarrollado del del Reino Unido, mostraban en general una menor preocupación por la destrucción de pruebas.

Además, ambas líneas de trabajo enfatizan el poder predictivo limitado, pero significativo, de las conductas de los agresores. Mientras que Almond, McManus y Curtis (2018) informaron de una tasa de clasificación correcta modesta (69%) al predecir la nacionalidad a partir de las conductas en la escena del crimen, nuestro estudio ha encontrado un solapamiento igualmente modesto entre las tipologías de agresores a través de distintos niveles de densidad poblacional. Estos hallazgos refuerzan la noción general de que, aunque la perfilación conductual sensible al contexto es valiosa, los indicadores conductuales son probabilísticos antes que deterministas. Un avance conceptual notable introducido por el presente trabajo es la incorporación sistemática de la criminología ambiental en la perfilación conductual. Mientras que Almond et al. sitúan principalmente la variación conductual en la familiaridad sociocultural y el trasfondo nacional, el análisis que aquí se propone amplía el marco explicativo hacia factores criminógenos espaciales, como los niveles de anonimato, las restricciones ambientales y las estructuras de oportunidad inherentes a las variaciones de densidad poblacional.

A diferencia de otras investigaciones previas, como la de Pérez Ramírez et al. (2018), que aportó una base importante al clasificar delitos sexuales cometidos por desconocidos en España usando variables conductuales del agresor disponibles en el momento de la denuncia, nuestro modelo introduce la densidad poblacional como un factor estructurante clave en las tipologías conductuales de los agresores. Mientras que Pérez Ramírez et al. (2018) se apoyaron principalmente en el análisis de correspondencias múltiples (MCA) y en el análisis de clúster jerárquico (HCA) para clasificar delitos sexuales en función de variables de la escena del crimen y de la víctima a lo largo de un amplio conjunto nacional de datos, el presente estudio empleó el EMD y el análisis de Procrustes para explorar la estructura configuracional de la agresión sexual por desconocidos en diferentes entornos de densidad. Esta divergencia metodológica refleja un cambio desde una técnica de reducción y agrupamiento puramente dimensional hacia un enfoque de configuración espacial que examina explícitamente la transformación de los patrones conductuales a lo largo de distintos contextos ecológicos. En Pérez Ramírez et al. (2018), las tipologías de agresores surgieron principalmente como una función de factores situacionales como el estado de la víctima —por ejemplo, bajo los efectos del alcohol—, la ubicación física de la agresión —por ejemplo, zonas de ocio urbano, entornos rurales— y el modus operandi —por ejemplo, uso de engaño o de violencia física—. Aunque en ese trabajo reconoció la posible importancia de las características ambientales, lo cierto es que no distinguió formalmente perfiles a través de variables ecológicas o demográficas como la densidad poblacional. En contraste, el modelo que presentamos hace avanzar el campo al mostrar que la densidad poblacional en sí misma estructura de manera significativa la conducta del agresor, dando lugar a perfiles criminológicos divergentes entre áreas de alta y baja densidad de población.

Otra distinción notable concierne al marco teórico. Pérez Ramírez et al. (2018) asumieron implícitamente la homogeneidad en la conducta de los agresores en toda España, tratando la muestra como un contexto nacional unitario. En cambio, el presente estudio desafía explícitamente la suposición de homogeneidad conductual, planteando —y confirmando— que los perfiles criminológicos son contingentes al entorno y, por lo tanto, variables entre contextos. Este planteamiento subraya la necesidad de desarrollar modelos de agresores localizados o sensibles al ecosistema específico para evitar los riesgos de la sobregeneralización y de la falacia ecológica en la perfilación criminal. Además, aunque ambos estudios identificaron clústeres de agresores caracterizados por diferentes tendencias conductuales, nuestros hallazgos han mostrado cuantitativamente el solapamiento relativamente bajo entre las tipologías de agresores de alta y baja densidad. Dichas métricas estuvieron ausentes en Pérez Ramírez et al. (2018), lo que limitó la comparación estadística directa de la distintividad de sus soluciones de clúster.

De manera importante, sin embargo, ambos estudios convergen en el reconocimiento que conceden a las implicaciones prácticas para la toma de decisiones investigativas. Pérez Ramírez et al. (2018) enfatizaron la utilidad de las conductas en la escena del crimen para priorizar sospechosos en investigaciones policiales, abogando por el desarrollo de sistemas de clasificación que guíen la selección de sospechosos. Aquí se amplía esta propuesta al sugerir que cualquier sistema de priorización de sospechosos debe ser sensible a la densidad poblacional para maximizar la precisión predictiva y la relevancia operativa.

Skott, Beauregard, Darjee y Martineau (2019), por su parte, examinaron si las características de los homicidios sexuales y las tipologías de agresores se mantenían consistentes entre distintos países —específicamente Canadá y Escocia—. Y lo cierto es que tanto el presente estudio como el de Skott et al. comparten una estrategia analítica fundamental: en lugar de presumir que la conducta del agresor es uniforme, ambos prueban empíricamente si las variaciones en el contexto —ya sea ecológico (densidad poblacional) o cultural/jurisdiccional (contexto nacional)— afectan la estructura y tipología de la delincuencia sexual violenta. Sin embargo, mientras que aquí se enmarca la densidad poblacional ambiental como una variable explicativa clave, Skott et al. (2019) se enfocan en factores jurisdiccionales más amplios, como normas sociales, estructuras legales y disponibilidad de armas. Metodológicamente, ambas propuestas utilizan técnicas multivariadas sofisticadas para identificar patrones latentes: EMD y análisis de Procrustes aquí, y Análisis de Clases Latentes (LCA)[15] en Skott et al. importantes importante señalar que ambos métodos rechazan una interpretación simplista de la conducta del agresor. Nuestro análisis de Procrustes reveló solo una similitud modesta entre entornos de alta y

---

[15]   El LCA es una técnica estadística probabilística utilizada para identificar subgrupos no observables —o latentes— dentro de una población, basándose en patrones de respuestas a variables observadas. Por ejemplo: imaginemos que tenemos datos de encuestas sobre comportamientos o actitudes, y sospechamos que hay distintos tipos de personas —por ejemplo, "conservadores", "moderados", "radicales"—, pero no sabemos quién pertenece a qué grupo. El LCA nos ayuda a descubrir esos grupos ocultos analizando el modo en que responden las personas encuestadas a ciertas preguntas.

baja densidad, mientras que Skott et al. (2019) también informaron diferencias bivariadas notables entre homicidios sexuales canadienses y escoceses. Sin embargo, ambos estudios convergieron en el hallazgo de que, a pesar de las divergencias superficiales, los patrones estructurales más profundos de la conducta del agresor —es decir, las tipologías subyacentes— muestran un cierto grado de universalidad.

A nivel tipológico, el presente estudio identificó clústeres conductuales diferentes influenciados por entornos urbanos frente a contextos rurales, demostrando que las presiones ambientales pueden moldear las estrategias de los agresores, los objetivos y los grados de conciencia forense. En contraste, Skott et al. descubrieron tres tipos principales de homicidas sexuales —Controlado-Organizado, Diverso y Familiar—, presentes en ambas muestras nacionales, lo que sugiere que, aunque las características superficiales variaban, los "guiones" fundamentales que subyacían a los homicidios sexuales eran consistentes entre jurisdicciones. Así, al considerar las implicaciones para la perfilación criminológica y la práctica investigativa, ambos abordajes abogan por modelos sensibles al contexto. De hecho, aquí advertimos explícitamente contra el trasplante automático de perfiles de agresores entre entornos con distintas densidades poblacionales sin realizar los pertinentes ajustes. De manera similar, Skott et al. (2019) previenen contra el riesgo inherente a asumir que los hallazgos de un país son automáticamente aplicables a otro, a menos que esas similitudes internacionales sean verificadas empíricamente.

Almond et al. (2023), por otra parte, mostraron que las diferencias internacionales —particularmente entre muestras procedentes del Reino Unido y de España— afectan significativamente las conductas en la escena del crimen (CSBs) y los antecedentes penales (PCs), desafiando abiertamente la noción de modelos universales de agresores. Mientras que Almond et al. (2023) destacaron principalmente las divergencias transculturales atribuibles a diferencias socio-legales y de registro más amplias, aquí se refina esta perspectiva al demostrar que, incluso dentro de un mismo país, factores contextuales como la densidad poblacional modulan de manera crítica las conductas de los agresores. Mostramos, por tanto, que los perfiles de agresores en provincias de alta densidad como Madrid, Barcelona y Vizcaya difieren marcadamente de los observados en regiones españolas menos densamente pobladas, aun cuando el trasfondo legal, cultural e institucional permanece constante. Así, la estructura ambiental —y no solo la "cultura nacional", si es que tal concepto tiene un sentido sociológico y antropológico real— emerge como un factor decisivo en la configuración de la agresión sexual cometida por desconocidos.

Esta variación interna matizada dentro de España refleja, a una escala doméstica, las disparidades internacionales más amplias reportadas por Almond et al. (2023). Sus hallazgos indicaron que los agresores sexuales desconocidos del Reino Unido mostraban conductas significativamente más instrumentales —como robo, uso de armas— y tenían un historial más extenso de antecedentes criminales no violentos que sus homólogos españoles, quienes, por el contrario, exhibían conductas más violentas tanto en la escena del crimen como en sus historiales delictivos. De manera similar, nuestro estudio identifica que en áreas urbanas de alta densidad, los agresores españoles son más propensos a mostrar conductas instrumentales complejas —incluyendo conciencia forense y robo oportunista—. Esto sugiere que los contextos urbanos podrían estimular estrategias de agresores análogas a las vistas predominantemente en agresores británicos. Por el contrario, los agresores sexuales desconocidos que operaban en provincias españolas de baja densidad, según nuestro trabajo, tienden a manifestar patrones más cercanos a los de los agresores españoles descritos por Almond et al. (2023): mayor dependencia de la violencia física, menor sofisticación en la evitación forense y agresiones influenciadas por vulnerabilidades situacionales propias de entornos rurales o semiurbanos.

Este paralelismo sugiere que la urbanización, así como sus factores asociados —como la mayor vigilancia, movilidad y anonimato—, pueden universalizar ciertos patrones delictivos a través de contextos culturales, reduciendo parcialmente la brecha conductual que Almond et al. (2023) observaron entre agresores del Reino Unido y España. Además, ambos estudios convergen en la conclusión de que la perfilación de agresores no puede basarse únicamente en modelos generalizados, sino que debe tener en cuenta la especificidad contextual. Así como Almond et al. (2023) sostienen que la aplicación pragmática de modelos de perfilación derivados del Reino Unido a los agresores españoles supondría un riesgo de error, nosotros resaltamos el peligro de asumir una supuesta homogeneidad dentro de los territorios nacionales. Los enfoques de perfilación que desatienden la variabilidad contextual interna —como las divisiones urbano-rurales— son igualmente proclives a inexactitudes.

Un punto adicional de intersección entre los estudios concierne a la versatilidad del agresor. Tanto en la muestra del Reino Unido examinada por Almond et al. (2023) como en la recabada por nosotros en las provincias españolas de alta densidad analizadas en el presente estudio, existe una asociación recurrente entre conductas criminales multifacéticas y conciencia forense. Esto puede indicar que los entornos que fomentan oportunidades para una conducta criminal diversa —ya sea a través del anonimato urbano o de la normalización sociocriminal— promueven simultáneamente una mayor sofisticación en los agresores. De tal modo, los hallazgos de ambos estudios enfatizan la influencia criminógena de las estructuras de oportunidad más que la mera disposición del agresor.

Lundrigan et al. (2024), por otro lado, analizaron casos de violaciones cometidas por desconocidos en Londres. Cuando se estudia su trabajo surgen puntos notables de convergencia y divergencia con respecto a nuestro modelo, ofreciendo claves sobre las dinámicas ambientales y situacionales que subyacen a la violencia sexual cometida por desconocidos. Ambos trabajos confirman que el contexto espacial y las variables ambientales condicionan de manera sustancial las conductas asociadas a la agresión sexual cometida por desconocidos. En el contexto español aquí analizado, los agresores que operan en provincias de alta densidad tienden a exhibir perfiles marcados por conductas instrumentales, conciencia forense y versatilidad delictiva. Los ofensores muestran, de hecho, aproximaciones calculadas, utilizando con frecuencia vehículos, armas y evidenciando esfuerzos por evitar la detección forense. Este hallazgo se alinea con lo obtenido por Lundrigan et al. (2024), quienes informaron que las violaciones que denominaron como tipo S2 —caracterizadas por una interacción prolongada entre víctima y agresor— estaban asociadas con lugares como locales de ocio y viviendas privadas, hecho que indica un nivel de planificación y explotación situacional. En ambos estudios, por lo tanto, la toma de decisiones del agresor aparece como racional y sensible a las oportunidades ambientales. Por el contrario, en provincias españolas de baja densidad, los perfiles conductuales de los agresores se caracterizan por un control deteriorado, impulsividad y ejecuciones parciales o fallidas de las agresiones sexuales. Estos perfiles involucraron mayores tasas de agresiones intentadas pero incompletas y reflejaron capacidades volitivas disminuidas bajo la influencia de alcohol o drogas. En comparación, Lundrigan et al. (2024) encontraron que las violaciones de tipo S1 —donde la interacción con la víctima fue breve— se produjeron predominantemente en entornos exteriores menos controlados, reforzando el papel del anonimato y de las estructuras de oportunidad asociadas a áreas menos densamente pobladas o menos vigiladas. Así, su trabajo y el nuestro apoyan la noción de que las restricciones y oportunidades ambiental-ecológicas modulan el modus operandi de los agresores.

Además, nuestro análisis indicó solo un solapamiento modesto entre tipologías conductuales a través de los niveles de densidad, corroborando los patrones espaciales-conductuales distintos observados en los hallazgos de Lundrigan et al. (2024), donde las violaciones S1 y S2 cometidas por desconocidos mostraron distribuciones espaciales y ambientales diferenciales en los distintos distritos de Londres. En particular, identificaron asociaciones fuertes entre las ubicaciones de las violaciones y características de la economía nocturna, la accesibilidad al transporte y la transitoriedad residencial —variables vinculadas de manera inherente con la densidad urbana y la desorganización social—.

Otro punto de comparación concierne a la integración metodológica de variables ambientales. Mientras que el trabajo que aquí se ha presentado introduce la densidad poblacional como elemento diferenciador central, Lundrigan et al. (2024) incorporaron un conjunto más amplio de variables ecológicas urbanas —como índices de privación, espacios verdes y características de vivienda— en sus modelos predictivos. A pesar de las diferencias metodológicas, ambos estudios convergen en subrayar que las agresiones sexuales cometidas por desconocidos no pueden entenderse independientemente de su contexto socioambiental. Ambos conjuntos de datos ilustran que una mayor complejidad urbana —Gran Londres, Madrid— fomenta adaptaciones distintas en los agresores en comparación con entornos rurales más simples.

Se ha mostrado aquí que las conductas de los agresores no son homogéneas, sino que varían de manera significativa según los entornos urbanos o rurales. Por ejemplo, las áreas de alta densidad muestran una mayor prevalencia de clústeres de agresores marcados por el oportunismo, la conciencia forense y conductas delictivas complejas. Estos hallazgos se corresponden con los resultados de Prego-Meleiro et al. (2024), quienes identificaron el oportunismo —en concreto, aprovechar la incapacidad inducida voluntariamente por sustancias en la víctima— como la táctica de agresión dominante en contextos juveniles de ocio nocturno. Ambos trabajos de investigación ilustran que el consumo de sustancias, particularmente alcohol, desempeña un papel clave en la facilitación de la violencia sexual. Mientras que nosotros nos centramos en agresiones cometidas por desconocidos sin enmarcarlas explícitamente como facilitadas por drogas, e identificamos el consumo de alcohol y drogas por parte de los agresores como variables conductuales relevantes tanto en provincias de alta como de baja densidad, Prego-Meleiro et al. (2024) encontraron que el consumo voluntario de alcohol por parte de las víctimas fue el antecedente más prevalente en eventos de agresión sexual facilitada por drogas (DFSA). Ello confirmaba, además, que los entornos influidos por la presencia de sustancias estupefacientes generan vulnerabilidades elevadas para la victimización sexual.

Sin embargo, también surgen otras distinciones significativas. El presente trabajo diferencia tipologías de agresores de acuerdo con características estructurales más amplias, como la densidad poblacional y el anonimato ambiental, destacando cómo los agresores rurales pueden mostrar patrones de movilidad diferentes —como un mayor uso de vehículos— en comparación con sus homólogos urbanos. Por el contrario, Prego-Meleiro et al. (2024) se concentran principalmente en factores sociodemográficos individuales —género, educación, nacionalidad y orientación sexual— que aumentan la probabilidad de victimización, sin abordar la arquitectura ambiental más amplia dentro de la cual ocurren las agresiones. Parecen olvidar que el género, la edad y la nacionalidad son características personales estáticas que no deberían considerarse como causas directas del delito o de la victimización por sí mismas, tal y como ha establecido la teoría de la acción situacional —TAS—. Una persona no comete, ni sufre, una violación solo por ser hombre, mujer o joven. De hecho, la mayoría de los varones jóvenes nunca han violado ni violarán a nadie, del mismo modo que la inmensa mayoría de las mujeres tampoco han sido o serán agredidas sexualmente. Esta es, a decir verdad, una forma simplista de interpretar la contingencia estadística. La correlación no implica causalidad, del mismo modo que la probabilidad no implica posibilidad (Wikström, 2006).

Por otro lado, cabe significar que los enfoques metodológicos entre ambos estudios difieren notablemente. El presente trabajo —reiteramos— emplea EMD, análisis de Procrustes y técnicas de *clustering* para revelar estructuras latentes en las conductas de los agresores a través de contextos. En contraste, Prego-Meleiro et al. (2024) aplican regresión logística ordinal[16] generalizada para modelar fac-

---

[16]   Técnica estadística utilizada para modelar la relación entre una variable dependiente ordinal —o con categorías ordenadas— y una o más variables independientes. Se emplea cuando la variable que se quiere predecir tiene niveles con un orden lógico, pero no necesariamente una distancia numérica entre ellos —por ejemplo: "bajo", "medio", "alto"—, la regresión logística ordinal permite estimar cómo diferentes factores influyen en la probabilidad de que una observación caiga en una categoría u otra. Por ejemplo: supongamos que se está estudiando el nivel de satisfacción de

tores de riesgo a nivel individual de victimización por DFSA. Estas diferencias metodológicas subrayan una perspectiva complementaria: mientras que nosotros mapeamos las conductas en la escena del crimen como expresiones dependientes del contexto ambiental-ecológico en la toma de decisiones del agresor, Prego-Meleiro et al. (2024) aclaran cómo las vulnerabilidades sociodemográficas de las víctimas se cruzan con oportunidades situacionales para facilitar agresiones. Otra distinción crítica radica en las definiciones operativas de los eventos estudiados. Aquí nos centramos exclusivamente en agresiones sexuales que implican penetración consumada o intentada perpetradas por desconocidos, según lo definido en sentencias judiciales. En contraste, Prego-Meleiro et al. (2024) incluyeron un espectro más amplio de violencia sexual, que abarca desde conductas no penetrativas —así tocamientos no deseados, besos— hasta agresiones penetrativas, y su operacionalización depende en gran medida del autoinforme de las víctimas en contextos de ocio. Esta diferencia en los marcos definicionales probablemente influya en las variables conductuales y situacionales consideradas más relevantes. A pesar de estas diferencias, ambas investigaciones convergen en una idea criminológica clave: los factores situacionales y contextuales —ya se entiendan como estructuras ambientales (dinámicas urbano-rurales) o contextos inmediatos de incapacitación (consumo de sustancias durante la vida nocturna)— condicionan de manera fundamental la ocurrencia y la naturaleza de la agresión sexual. Así, los dos modelos cuestionan los enfoques de perfilación estáticos y reclaman marcos criminológicos que den cuenta de manera más dinámica de las contingencias ambientales, situacionales y sociodemográficas.

Si recordamos, además, el estudio clásico de Canter y Heritage (1990), es posible entender que nuestro trabajo comparte con aquel un compromiso metodológico central: examinar la conducta del agresor

---

un grupo de estudiantes con un curso, clasificada como: 1) insatisfecho; 2) neutral; y 3) satisfecho. La regresión logística ordinal permite analizar cómo variables tales como la edad, las horas de estudio o el tipo de evaluación afectan la probabilidad de que una persona esté en cada nivel de satisfacción.

no como un acto aislado, sino como parte de un conjunto interconectado de elementos que revelan estructuras conductuales subyacentes. Además, en ambos casos se ha empleado el EMD para mapear la estructura relacional de las variables conductuales. No obstante, una diferencia crítica reside en el marco de alcance considerado entonces y ahora: mientras Canter y Heritage propusieron un modelo radex[17] basado en las capacidades intelectuales deducibles de la estructura interna de conductas de agresión sexual de 66 delitos sin diferenciar contextos, en nuestro caso se incorporó explícitamente la densidad poblacional como variable independiente, contrastando sistemáticamente perfiles de agresores entre provincias de alta y baja densidad.

Nuestros hallazgos respaldan la afirmación de Canter y Heritage de que las agresiones sexuales se organizan en torno a modos de interacción reconocibles —como la búsqueda de intimidad, la violencia impersonal, la versatilidad criminal y la conciencia forense—, pero amplían críticamente este marco al mostrar que la prevalencia y configuración de estos modos varían sustancialmente según los contextos ecológicos. En entornos de alta densidad, por ejemplo, hemos encontrado clústeres caracterizados por agresiones oportunistas con conciencia forense y ofensores con versatilidad criminal previa, un patrón que refleja los componentes de criminalidad y conciencia forense de Canter y Heritage. Sin embargo, las provincias de baja densidad exhibieron clústeres de ofensores que enfatizaban la capacidad deteriorada y los intentos desorganizados de agresión, lo que sugiere que las estructuras de oportunidad y los riesgos percibidos son fundamentalmente diferentes según el entorno.

Además, mientras Canter y Heritage (1990) identificaron un patrón conductual central en torno al uso sexual impersonal de la víctima,

---

[17]   El modelo Radex es una propuesta psicométrica desarrollada por Louis Guttman en 1954, cuyo objetivo era representar la estructura de la inteligencia en un espacio multidimensional. Este modelo se basa en técnicas de EMD y propone que las capacidades cognitivas pueden organizarse según dos criterios: 1) complejidad —de mayor a menor, siguiendo el criterio *simplex*—; y 2) contenido —de forma circular, siguiendo el criterio *circumplex*—.

enmarcado en una estructura circular —radex— que conectaba intimidad, sexualidad, violencia, interacción impersonal y criminalidad, el análisis de Procrustes aquí mostrado reveló distorsiones notables al transferir configuraciones entre áreas de alta y baja densidad. Es importante destacar que ambos estudios convergen en la necesidad de distinguir entre estructuras conductuales en lugar de depender de tipologías únicas. Sin embargo, nuestro trabajo amplía al estudio anterior en la medida que muestra que variables externas, macrosociológicas —específicamente la densidad poblacional— median la cristalización de las estructuras conductuales. En este sentido, aunque el modelo de Canter y Heritage proporcionó una base importante para comprender la agresión sexual mediante componentes conductuales, este trabajo sugiere que la rigidez de tales componentes puede estar sobrestimada si los factores contextuales no se integran en los modelos de perfilación de agresores.

Otros trabajos clásicos, como el propuesto por Davies, Wittebrood y Jackson (1997), comparten con el nuestro un compromiso fundacional: la idea de que la conducta del agresor no es aleatoria, sino que viene estructurada por variables identificables. Sin embargo, aquí se destacan dimensiones distintas pero complementarias de la conducta criminal. Mientras Davies et al. (1997) se centran principalmente en predecir los antecedentes criminales de violadores desconocidos a través de modelos de regresión logística basados en conductas delictivas, aquí se enfatiza cómo la densidad poblacional moldea los patrones contextuales y conductuales observables en la escena del crimen.

Un paralelo notable entre ambos estudios radica en su tratamiento de la versatilidad del agresor. En Davies et al., la presencia de criminalidad previa —particularmente robos y violencia— se infiere a través de conductas como el robo a la víctima, el uso de armas y las precauciones forenses. De manera similar, aquí también se han detectado clústeres que implicaban versatilidad criminal, conciencia forense y robo, especialmente entre agresores en provincias tanto de alta como de baja densidad. Por ejemplo, la llamada agresión instrumental/

oportunista con conciencia forense —o clúster 2 en provincias de alta densidad— y los agresores criminalmente versátiles y con conciencia forense —o clúster C en provincias de baja densidad— reflejan los modelos predictivos de Davies et al., donde el robo y la conciencia forense fueron predictores significativos de antecedentes por robo. Sin embargo, surge una divergencia crítica respecto al papel de la estructura ecológica: el presente estudio ha revelado que la densidad poblacional mediatiza de manera diferenciada la conducta del agresor, dando lugar a tipologías distintas según se trate de entornos urbanos o rurales. Los entornos urbanos parecen fomentar agresiones más impulsivas e interrumpidas —así el clúster 3 en provincias de alta densidad—, mientras que los entornos rurales promueven agresiones de espectro más amplio que implican mayor movilidad y dinámicas multicontextuales —así el clúster B en provincias de baja densidad—. Esta variación mediada ambientalmente está ausente en el trabajo de Davies et al. (1997), cuyo marco presume consistencia conductual independientemente del contexto. Así, mientras Davies y sus colaboradores validan la utilidad predictiva de las conductas de los ofensores para los antecedentes criminales, nuestros hallazgos sugieren que tales conductas también dependen del entorno y desafían los supuestos de aplicabilidad universal.

Además, ambos estudios destacan la importancia de la conciencia forense como marcador conductual clave. Davies et al. identificaron "precauciones con huellas dactilares" y "destrucción de semen" como fuertes predictores de experiencia criminal. De manera similar, aquí se resaltan conductas forenses —tales como uso de guantes, limpieza de semen— como significativas en la definición de clústeres de agresores, particularmente entre los estratégicos tanto en áreas urbanas como rurales. Una vez más, este trabajo matiza y amplía estos hallazgos al mostrar que la expresión de conductas de conciencia forense puede variar según estructuras de oportunidad condicionadas por las condiciones demográficas.

Otro punto de contraste con Davies et al. concierne a la impulsividad del agresor y al consumo de sustancias. Ellos encontraron que el uso de alcohol correlacionaba con ofensores de único delito, sugiriendo desorganización e impulsividad. Esto se alinea con nuestra identificación de un clúster de agresores influidos por factores psicológicos y por sustancias, con capacidades disminuidas, particularmente prevalente en provincias de alta densidad. No obstante, este trabajo, además, sugiere que tales ofensores son más frecuentes en entornos urbanos con alto anonimato, proporcionando una capa adicional de interpretación ambiental al vínculo alcohol-impulsividad observado por Davies et al. Finalmente, en términos metodológicos, ambos estudios emplean técnicas multivariadas robustas para identificar estructuras conductuales subyacentes. Sin embargo, nuestro enfoque metodológico, al comparar dos muestras ambientalmente distintas, permite observar la plasticidad conductual, un elemento no abordado por Davies et al., quienes tratan las conductas delictivas como indicadores relativamente estables de los rasgos del agresor.

Otros trabajos, como los de Canter, Bennell, Alison y Reddy (2003), afirman, al igual que nosotros, que la conducta del agresor no es monolítica sino que está modulada contextualmente, pero aquí se enfatiza el peso de los factores ambientales, como la densidad poblacional, mientras que Canter et al. (2003) se centran en expresiones temáticas de conducta con independencia del contexto geográfico. Cabe destacar que el uso del EMD y del análisis de Procrustes refleja el enfoque analítico adoptado por Canter et al. (2003), quienes emplearon el *Smallest Space Analysis* —una variante de del EMD— para modelar estructuras temáticas en violaciones cometidas por desconocidos. Sin embargo, mientras ellos conceptualizaron las conductas de violación a través de un modelo radex de niveles y variedades de violación —es decir, violación personal, física y sexual distribuidas en cuatro temas conductuales: hostilidad, control, robo e implicación—, nosotros introducimos la densidad poblacional como un eje clave de diferenciación, evidenciando cambios estructurales en las tipologías de agresores entre entornos de alta y baja densidad.

Una observación comparativa clave es que, mientras Canter et al. (2003) identificaron un conjunto relativamente estable de temas conductuales en las violaciones cometidas por desconocidos, los hallazgos del presente estudio sugieren que la expresión de dichas conductas —y posiblemente su agregación temática— es contingente a variables ambientales. En contextos de alta densidad, por ejemplo, los clústeres de agresores mostraron mayor conciencia forense y conductas instrumentales como el uso de armas y de vehículos. Características que, en el modelo de Canter et al. (2003), resuenan con los temas de control y robo. Sin embargo, en provincias de baja densidad, las conductas parecen menos estructuradas en torno a la autoprotección forense y más centradas en una agresión sexual persistente pero desorganizada, reflejando temas de hostilidad e implicación, aunque modulados por una menor vigilancia y mayor libertad espacial. Además, aquí se sugiere que las tipologías entre niveles de densidad son solo moderadamente similares, lo que implica que la estructura ambiental —más que únicamente la predisposición individual del agresor— configura significativamente las conductas observadas. Esta observación complementa el argumento de Canter et al. (2003) de que las conductas discretas se agrupan de manera significativa, pero añade que el contexto situacional, específicamente el grado de urbanización, influye sustancialmente en cómo se materializan esos clústeres. En ambos casos se reconoce que la violación no es un fenómeno homogéneo, pero nuestros resultados avanzan la idea de que las estructuras de oportunidad ambiental condicionan no solo las elecciones tácticas disponibles para los agresores, sino también las tipologías conductuales emergentes. En este sentido, mientras Canter et al. (2003) propusieron un modelo compuesto de la violación por desconocidos centrado en funcionalidades conductuales, la presente investigación sugiere la necesidad de insertar esos modelos funcionales en un marco ambiental más amplio para lograr una comprensión más matizada de las dinámicas de agresión sexual.

Comparando el presente estudio con la conocida investigación de Häkkänen, Lindlöf y Santtila (2004), que examinó violaciones cometidas por desconocidos en Finlandia sin realizar una estratificación por densidad poblacional, surgen varias convergencias y divergencias de relevancia teórica y aplicada que permiten establecer algunas conclusiones. En el estudio finlandés, también realizado con metodología EMD, se identificaron tres temas conductuales principales —hostilidad, implicación y robo— en la escena del crimen, mientras que en el estudio que aquí se propone, mediante un enfoque sensible al contexto, se han descubierto tipologías diferentes según la densidad poblacional provincial. Es destacable que ambos trabajos coincidan en la identificación de una dimensión "instrumental" que involucra robo, uso de armas y conciencia forense. Esta similitud temática respalda la visión criminológica más amplia de que las motivaciones instrumentales constituyen un eje conductual estable en distintos contextos socioambientales. Sin embargo, la divergencia aparece al considerar cómo los perfiles conductuales de los ofensores varían en función de las variables ambientales. El estudio finlandés trató la muestra de forma homogénea, sin segmentación geográfica o demográfica, y en consecuencia encontró asociaciones relativamente débiles entre características del agresor y acciones en la escena del crimen —solo el tema de robo se vinculó significativamente a un perfil de agresor delincuente/patrimonial—. En cambio, nosotros hemos demostrado que la densidad poblacional modera la organización y la complejidad de las conductas de agresión sexual, con entornos urbanos generando clústeres caracterizados por sofisticación forense y mayor versatilidad criminal, mientras que los entornos rurales produjeron patrones asociados con impulsividad y desorganización. Este resultado subraya que ignorar el contexto ambiental, como ocurre en Häkkänen et al. (2004), puede hurtar la observación de mecanismos criminógenos significativos.

Además, mientras ambos estudios observaron clústeres que incluían ofensores con problemas psiquiátricos y consumo de sustancias, aquí se ofrece una interpretación más matizada al integrar restricciones ambientales como la densidad de vigilancia, la accesibilidad a las víctimas y la probabilidad de intervención de terceros. Tal modelización integradora sugiere que la estructura ambiental condiciona no solo la oportunidad de ciertas conductas, sino también su expresión durante el delito, una dinámica no explorada en la investigación finlandesa. Metodológicamente, ambos estudios se apoyaron en registros judiciales o policiales codificados en variables conductuales dicotómicas. Sin embargo, el paso adicional en el estudio español de aplicar análisis de Procrustes para comparar soluciones de EMD entre contextos refleja una estrategia analítica más avanzada y sensible al contexto, mejor adaptada, pensamos, para detectar influencias ambientales en la conducta criminal.

Finalmente, una comparación de nuestro estudio con otras investigaciones previas relevantes que también emplearon técnicas de EMD, en particular el trabajo de Sturidsson et al. (2006), ofrece perspectivas valiosas con respecto a los desafíos metodológicos y hallazgos sustantivos de este trabajo. Primeramente, nosotros hemos encontrado que los perfiles de agresores varían sustancialmente entre provincias de alta y baja densidad. Esta variabilidad se alinea con la hipótesis central de que la densidad poblacional configura las estructuras de oportunidad, el anonimato del agresor y las dinámicas situacionales, influyendo así en las expresiones conductuales observables durante el delito. En contraste, Sturidsson et al. (2006) intentaron replicar modelos motivacionales previos de delincuencia sexual pero no lograron reproducir la estructura motivacional bidimensional propuesta por Canter y Heritage (1990). Señalaron dificultades significativas para obtener configuraciones de EMD estables, atribuyendo estas inconsistencias a la selección de variables, factores culturales y variabilidad situacional.

Nuestros resultados corroboran, además, las advertencias subrayadas por Sturidsson y sus colaboradores: la conducta del agresor es altamente dependiente del contexto y no puede reducirse a tipologías universales desvinculadas de variables ambientales. Asimismo, mientras Sturidsson et al. (2006) enfatizaron las limitaciones del EMD como herramienta exploratoria al aplicarse a conjuntos conductuales heterogéneos, nosotros hemos tratado de aprovechar estratégicamente esa flexibilidad metodológica. En lugar de buscar una estructura latente inmutable, el análisis ha apuntado explícitamente hacia la identificación de divergencias condicionadas por la densidad poblacional. Este enfoque se aparta de los intentos de replicación estática criticados por Sturidsson et al. y, en cambio, utiliza el EMD para visualizar la variación contextual, un objetivo más congruente con las limitaciones metodológicas señaladas en sus conclusiones de advertencia.

Otro punto importante de divergencia concierne a las variables incluidas. Sturidsson et al. (2006) informaron que algunas conductas, en particular las verbales, mostraron baja fiabilidad interevaluador y que la selección de variables altamente correlacionadas corría el riesgo de distorsionar los resultados del EMD. Aquí se ha empleado un conjunto reducido y fundamentado conductualmente de 26 variables dicotómicas, que abarcan antecedentes del agresor, factores situacionales y conductas específicas de la agresión. Esta selección cuidadosa probablemente ha mitigado parte de los problemas de multicolinealidad y fiabilidad encontrados en el trabajo de Sturidsson et al., generando soluciones de clúster interpretables que han reflejado patrones criminológicos distintos, contingentes a la densidad poblacional.

Adicionalmente, la aplicación del análisis de Procrustes para evaluar la similitud estructural entre configuraciones MDS ha introducido una innovación importante respecto a las medidas de estrés estándar empleadas por Sturidsson et al. (2006). Al cuantificar distorsiones espaciales y residuos, la presente investigación ha ofrecido una visualización matizada de la divergencia conductual entre contextos de alta y baja densidad, yendo más allá del paradigma binario de éxito/fracaso en la replicación de modelos que limitaba las aplicaciones previas del EMD.

En términos sustantivos, las tipologías de agresores emergentes en este trabajo exhiben dinámicas específicas vinculadas al contexto: las áreas urbanas favorecieron perfiles caracterizados por conciencia forense, versatilidad criminal y agresiones interrumpidas en entornos semipúblicos, mientras que las áreas rurales revelaron patrones marcados por intentos persistentes pero desorganizados, oportunismo criminal y agresiones en contextos públicos. Estos hallazgos subrayan la necesidad de que las prácticas de perfilación integren las contingencias ambientales y situacionales; una dimensión ausente en los modelos estáticos anteriores cuyas dificultades de replicación fueron documentadas por Sturidsson et al. (2006).

En términos generales, mientras que la línea principal de investigación ha empleado un enfoque basado en la conducta en la escena del crimen anclado en la suposición de homología —la idea de que conductas similares implican características de agresores similares—, nuestro modelo cambia el foco hacia determinantes ambientales y ecológicos, es decir, cómo la densidad poblacional puede influir sistemáticamente en la organización y expresión de las conductas en la escena del crimen. Esta distinción es crítica, ya que aborda una limitación importante identificada en los modelos tradicionales de perfilación criminal: su tendencia influida por una vieja —y poco saludable— tendencia de la criminología teórica a universalizar los marcadores conductuales sin considerar el contexto situacional y estructural.

Las divergencias metodológicas encontradas son igualmente instructivas. El presente estudio adoptó un enfoque espacial multivariante —EMD, análisis de Procrustes y *K-Means clustering*— para examinar cómo varían los patrones completos de conducta entre provincias de alta y baja densidad, tratando así la expresión conductual de la agresión sexual como un fenómeno contingente al ambiente en lugar de una firma individualista. Así, partiendo de la suposición de que la conducta del agresor en la escena del crimen no es aleatoria y resulta informativa en sí misma, la presente investigación introduce un avance crucial al demostrar que la estructura y tipología de las conductas no son invariantes entre contextos ambientales. Este hallazgo desafía la generalización de los modelos conducta-antecedentes, sugiriendo que las relaciones predictivas derivadas en un entorno —como áreas urbanas— pueden no ser aplicables en otro —como áreas rurales—.

Por otra parte, enfatizamos la variabilidad espacial como una dimensión paralela de la evolución conductual. Mientras que otros trabajos apuntaron a cambios temporales —como el impacto de las citas en línea en las relaciones agresor-víctima—, nuestra propuesta revela que incluso dentro de la misma ventana temporal surgen divergencias sustanciales en función de las características ecológicas del entorno. Esto señala la necesidad de integrar perspectivas de criminología espacial en el común de las prácticas de perfilación de agresores, un enfoque ausente en los modelos predictivos convencionales.

Finalmente, y esto es central, las implicaciones prácticas que aportamos difieren de lo que ha venido siendo tradicional en este campo. Las teorías comunes en perfilación ofrecen herramientas operativas para predecir la historia criminal de ofensores desconocidos, con el objetivo de optimizar los procesos de priorización de sospechosos. En contraste, los hallazgos que aquí hemos ofrecido sugieren que los propios marcos de investigación deben recalibrarse según las variables ambientales, abogando por protocolos de perfilación dinámicos, abiertos y sensibles al contexto. En entornos de alta densidad, la investigación podría beneficiarse de poner mayor énfasis en las contramedidas forenses y en las conductas oportunistas, mientras que en áreas de baja densidad los investigadores deberían esperar dinámicas diferentes en los agresores, potencialmente caracterizadas por una mayor movilidad y una menor intervención de terceros, con todas las consecuencias que ello puede tener de cara a la prevención, investigación, captura y enjuiciamiento de los agresores.

REFLEXIONES FINALES

Llegados a este punto, tan sólo nos queda establecer algunas conclusiones generales en torno a los trabajos aquí detallados que, entendemos, pueden convertirse en principios a partir de los que sustentar futuras aportaciones y que, por otro lado, podrían servir como senderos útiles para incentivar la reflexión, tanto para los profesionales como para los estudiantes interesados en esta materia.

Primeramente, se ha entender que, si nos atenemos al rigor epistemológico y metodológico, la perfilación, o análisis de conducta, —y sea cual fuere su forma o ámbito de actuación— no es una ciencia básica, sino una aplicación tecnológica de carácter predictivo-probabilístico con cierto margen de error inherente que, precisamente, es lo que se debe tratar de estrechar al máximo. Este comentario no pretende servir como crítica o devaluar el procedimiento, sino que se limita a ofrecer un mero posicionamiento de partida. De hecho, creemos sinceramente que, bien fundamentada, la perfilación puede no sólo ayudar a la orientación y/o resolución de casos criminales complejos, sino también a la generación de políticas preventivas y estrategias de seguridad funcionales. Ello siempre que se entiendan y exploren bien, por supuesto, sus virtudes, capacidades, exigencias y limitaciones. Por ello, asumiendo el hecho de que el delito es una realidad cambiante y ajustada a una serie de condiciones socioculturales y ambientales específicas, tiene más sentido abordar la cuestión teórica del análisis de conducta desde un marco de acción general, flexible y adaptable, que hacerlo desde una perspectiva estructural concentrada en la elaboración de tipologías fijas que susciten planes de acción estables y cerrados. El primer enfoque genera modelos productivos, entretanto el segundo, a menudo poco eficiente, tiende inevitablemente a la esterilidad, el silencio y la desconfianza. Se ha de salir de buena vez del prejuicio vulgar harto difundido de que "un perfil resuelve casos", por cuanto no es ni remotamente cierto: los casos criminales los resuelven quienes los investigan y el perfilador-analista, en tal contexto, ha de intentar convertirse en un especialista criminalístico más que contribuya al proceso de esclarecimiento de los hechos en el mismo plano que el experto en balística, el biólogo forense o el informático experto en cibercrimen. Si un proceso de perfilado no concluye, por lo tanto, en una serie de sugerencias operativas razonables para los y las profesionales hacia quienes va destinado, siempre fundamentadas científicamente, entonces no es otra cosa que una especulación improductiva.

En el caso de las agresiones sexuales cometidas por desconocidos, que aquí nos compete, un perfilado en concreto puede ser muy útil en circunstancias de serialidad que, afortunadamente, no son las más comunes. Pero ahí no se agota —ni debe— el trabajo del analista de conducta que, en realidad, debería aspirar a convertirse por la vía del trabajo inductivo-abductivo en un elemento central en la generación de estrategias de seguridad útiles, así como para la generación de planes preventivos que contribuyan, justamente, a anticiparse e impedir futuras agresiones sexuales. Incluso, ya que estamos, a prefigurar caminos para la rehabilitación y la reinserción. Pensamos, de hecho, que esta misma idea podría aplicarse a cualquier otra forma delictiva con los adecuados ajustes. La acción de la policía, de las instancias políticas, de la justicia o del sistema penitenciario no puede ser sólo reactiva, sino que ha de esforzarse por resultar proactiva, anticipatoria y evitativa. Las agresiones sexuales —con sus trágicas consecuencias victimales y el consiguiente malestar sociopolítico que despiertan— exigen que se vaya más allá de la mera persecución y sanción del delincuente para penetrar en el territorio de la anticipación del acto en sí. Una sociedad no es más segura porque se persiga, juzgue y encierre más y mejor a los criminales, sino porque cuenta con los recursos, medios y condiciones necesarios para que se cometan menos crímenes. Y el papel de la perfilación-análisis en este contexto, creemos, se antoja central. Ciertamente, no se evitarán todas las agresiones ni dejarán de existir víctimas, en la medida que el riesgo cero no existe, pero se ha de entender que una víctima presente menos, incluso que un delincuente presente menos, implican un futuro con dos personas funcionales más… Así como una sociedad más tranquila y un ahorro potencial de valiosos recursos públicos.

Los trabajos previos a los aquí desarrollados específicamente, elaborados a partir de sentencias y ampliamente resumidos en el capítulo 1, suponen en su conjunto una interesante contribución, queremos creer que significativa aún a riesgo de resultar petulantes, a la criminología española contemporánea. Por un lado, muestran que bases de datos nacionales y autonómicas basadas en sentencias judiciales son una fuente de información "viva" y "productiva" que permite a los investigadores, más allá del ámbito del derecho penal o de los impenetrables límites metodológicos que imponen las estadísticas oficiales, disponer de información empírica confiable sobre agresores sexuales desconocidos. Información que ayuda a establecer tipologías, patrones situacionales y detalles acerca de diferentes dinámicas de actuación. En consecuencia, tiene todo el sentido pensar que hay saber científico más allá de los acostumbrados análisis de estadísticas criminales —no siempre útiles y no siempre consistentes— y que encontrar nuevas formas creativas de explotación de la información disponible es un elemento central para que la Criminología científica se consolide, llegue a resultados concretos y haga su trabajo con garantías.

Por otra parte, también creemos haber mostrado que los estudios psicológicos, sociológicos y criminológicos basados en encuestas, que se describen en el mismo capítulo, han aportado evidencia clara sobre el papel del bajo autocontrol, la baja moralidad personal y la tendencia hacia el sexo impersonal como factores individuales de riesgo que convendría explorar en el marco de las políticas preventivas y rehabilitadoras que se aplican a esta clase de agresores.

La integración de ambas vertientes bajo el paraguas de la TAS abre la puerta a un marco explicativo general que no solo enriquece adecuadamente el debate académico e investigador —las posibilidades se multiplican—, sino que también puede nutrir el diseño de políticas de prevención, programas de educación sexual en la adolescencia —por supuesto siempre ajenas a intervenciones políticas e ideológicas espurias e irrelevantes— y contribuir a la formulación de estrategias policiales orientadas a la detección temprana de patrones seriales. En definitiva, los seis trabajos sintetizados en el capítulo 1 consolidan una línea de investigación original en el contexto español, con una marcada proyección internacional, que contribuye a comprender y prevenir uno de los fenómenos delictivos de mayor impacto social: las agresiones sexuales cometidas por desconocidos.

Sentadas estas bases, la propuesta que se ha desarrollado en el capítulo 2 aporta, a nuestro juicio y primeramente, importante evidencia acerca del funcionamiento delictivo de esta clase de agresores en el plano individual. La baja moral personal y el bajo autocontrol, bajo la influencia de los adecuados parámetros psicoeducativos, derivan hacia la generación de arraigadas creencias de masculinidad hostil. Estas, a su vez, pueden conducir hacia el gusto por la pornografía degradante de la mujer. Pero no es la única vía: el uso de pornografía en general, posiblemente con el concurso de procesos de adicción y desensibilización a los que son proclives ciertas personalidades vulnerables, también puede derivar hacia un gusto por la pornografía degradante de la mujer. Y, lo que es más importante, el gusto por la pornografía degradante de la mujer —que en realidad no es otra cosa que la expresión material de las actitudes misóginas y de las fantasiosas mitologías sexuales que llevan aparejadas— pueden abocar al individuo hacia los comportamientos de agresión sexual.

Este hallazgo, que se alinea perfectamente con parte de las investigaciones presentadas en el capítulo 1, refleja la importancia capital que tiene en este ámbito el control de un acceso sistemático a lo largo del desarrollo psicosexual de las personas —de forma central en la infancia y la adolescencia tempranas— a determinados discursos misóginos u otras formas de entretenimiento dudosas y/o cuestionables, sea cual fuere su forma final. Subraya, asimismo, la enorme importancia de una correcta política informativa y educativa en materia sexual y de igualdad, especialmente en las etapas iniciales de la vida, que puede obrar a medio plazo como un elemento protector y preventivo de primer orden. Y ello, especialmente, en lo que respecta a las personalidades más vulnerables e impresionables o a las personas que, aún no siéndolo, se desempeñan habitualmente en contextos poco adaptados en los que ciertos discursos grotescos sobre el significado de la "hombría", así como acerca de la subvaloración de la mujer a todos los efectos, son moneda de uso y cambio habitual.

En adición a lo precedente, la profusa investigación presentada en el capítulo 3 viene a aportar importante evidencia del plano contextual-ambiental en el que suceden las agresiones sexuales y cómo éste las modela. Es obvio, o así lo pensamos, que algunas de las características individuales estudiadas variarán con el tipo de ambiente, pues los seres humanos somos entidades interactivas, moldeables y modulables que no sólo tenemos agencia, sino que hemos de conducir nuestra voluntad de acción —y por tanto nuestra actividad— "a través" del medio. Señalar esto, que parecería una obviedad a la altura del conocimiento científico actual, no ha sido fácil en el contexto de una investigación psicocriminológica que ha tendido históricamente al estatismo de las tipologías clausuradas, así como a encallarse en una búsqueda afanosa de modelos explicativos cerrados que puedan dar cuenta de "toda" conducta criminal para poder engranarse sin distorsiones con las necesidades implícitas del derecho penal. Tarea en la cual, creemos sinceramente, no sólo ha fracasado, sino en la que se ha terminado distorsionando a sí misma y proyectando imágenes públicas de su valor científico e interés completamente equívocas. La ciencia criminológica, tradicionalmente realizada por juristas en España y convertida a menudo en mero pretexto para la promoción profesional, debe salir de la minoría de edad, abandonar esa mentalidad de "auxilio" que aún persiste en muchos contextos y, partiendo de la necesaria información "de" y la colaboración "con" las instancias policiales, jurídicas y penitenciarias, ha de saber bastarse a sí misma para asegurar su futuro como ciencia y profesión.

De hecho, si asumimos, como aquí sucede, un enfoque de perfilado-análisis metodológicamente riguroso y filtrado a través de la acción situacional —entiéndase ahora que esta es nuestra opción preferencial, pero no el único enfoque posible—, se advierte pronto que el problema del crimen —del crimen sexual en este caso— va mucho más allá de improductivas formulaciones generales y puede ser abordado como la realidad cambiante y ecosistémica que realmente es. Esto no sólo torna a la criminología en una ciencia viva y autosuficiente en el mismo plano epistemológico y metodológico que el resto de las ciencias psicosociales, sino que también la convierte en un saber productivo capaz de servir, más allá de las exigencias que impone el proceso penal, a la acción policial, a las políticas criminales e incluso al propósito del sistema penitenciario. El criminólogo no es —ni debe querer ser— abogado, policía, psicólogo o psiquiatra. Tampoco es sociólogo o antropólogo, ni puede quedar su tarea reducida a ser un mero auxiliar de todos ellos: el criminólogo ha de estudiar su objeto —el crimen— de manera independiente entendiendo que se cruza con todos los profesionales descritos, pero ni les rinde pleitesía ni acepta sus exigencias porque también tiene su propio espacio profesional. La criminología, como interciencia entre la psicología y la sociología, tiene que interaccionar, estudiar, mostrar, ofrecer y contribuir con sus aportaciones a la generación de enfoques multidisciplinares y de acción productivos en todas esas materias, pero siempre desde la mayoría de edad.

Sin embargo, es de rigor señalar que en el conjunto general de esta monografía existen límites manifiestos que han de reseñarse, subrayarse y comprenderse para poder seguir avanzando. El principal de ellos, que no habrá pasado inadvertido al lector perspicaz, es la existencia una fragmentación entre los estudios presentados, pues no se puede profundizar en el nivel situacional del delito —interacción de los niveles individual y ambiental— únicamente con la línea de trabajo presentada en los trabajos detallados en los capítulos 2 y 3. Es decir: se apunta claramente hacia la existencia de esa tercera vía de análisis, pero se deberá trabajar más a futuro, e invitamos sinceramente a quienes nos han leído a contribuir en este proceso, para generar un modelo explicativo integrado y eficiente.

De hecho, si bien el capítulo 3 sugiere a la perfección la existencia de esta interacción persona-contexto, un examen riguroso de los resultados allí obtenidos desde el punto de vista de la TAS no nos proporciona información acerca de variables importantes como la baja moralidad personal y el bajo autocontrol. Por otro lado, el capítulo 2, que sí contiene un examen detallado de estas variables de baja moralidad personal y bajo autocontrol, enfrenta el problema de que el diseño metodológico para la recogida de datos —un procedimiento de encuesta—, haga que éstos se registren en un momento diferente a la comisión de las conductas de agresión sexual que se exponen. Ello conlleva inevitablemente que se difumine el buscado "efecto contexto", siendo algo que se ha de intentar paliar en próximos diseños de investigación.

Sea como fuere, y para concluir, estamos sinceramente abiertos a sugerencias operativas en este sentido que permitan explorar esa relación sujeto-ambiente que aquí sólo se sugiere, a la par que invitamos a los/as colegas interesados a profundizar en esta vía de estudio.

REFERENCIAS

Allen, M., D'Alessio, D., & Brezgel, K. (1995). A meta-analysis summarizing the effects of pornography II: Aggression after exposure. *Human Communication Research, 22*(2), 258–283. https://doi.org/10.1111/j.1468-2958.1995.tb00368.x

Almond, L., McManus, M. A., Bal, A., O'Brien, F., Rainbow, L., & Webb, M. (2018). Assisting the investigation of stranger rapes: Predicting the criminal record of U.K. stranger rapists from their crime scene behaviors. *Journal of Interpersonal Violence, 36*(3–4), NP2005–NP2028. https://doi.org/10.1177/0886260518756118

Almond, L., McManus, M., & Curtis, G. (2019). Can the offence behaviors of stranger rapists discriminate between UK and non-UK nationals? *Journal of Aggression, Conflict and Peace Research, 11*(1), 67–76. https://doi.org/10.1108/JACPR-04-2018-0357

Almond, L., Rainbow, L., Ramos Romero, M., Giles, S., McManus, M., & Nikolajeva, A. (2023). UK and Spanish stranger sexual offenders' crime scene behaviors and previous convictions: A cross-cultural comparison. *Journal of Investigative Psychology and Offender Profiling, 20*(1), 151–161. https://doi.org/10.1002/jip.1610

Ballester-Arnal, R., García-Barba, M., Castro-Calvo, J., Giménez-García, C., & Gil-Llario, M. D. (2023). Pornography Consumption in People of Different Age Groups: an Analysis Based on Gender, Contents, and Consequences. *Sexuality Research and Social Policy, 20*, 766–779, https://doi.org/10.1007/s13178-022-00720-z

Ballesteros Doncel, E., & Blanco Moreno, F. (2021). Las estadísticas de criminalidad sexual en España: una propuesta de caracterización. *Revista de Estudios de Juventud, 123*, 45–60.

Ballesteros-Doncel, E., Blanco-Moreno, F., & Rubio-Martín, M. J. (2024). ¿Dónde están las heridas? Impactos de las agresiones sexuales en la vida de las víctimas: valoraciones y desatenciones. *OBETS. Revista de Ciencias Sociales, 19*(2), 167–182. https://doi.org/10.14198/obets.24652

Barton-Crosby, J., & David, M. (2024). Understanding the similarities and differences between the characteristics of intimate partners and stranger rapists: Rapid evidence assessment. *Ministry of Justice Analytical Series.*

Beauregard, E., & Martineau, M. (2013). A descriptive study of sexual homicide in Canada: Implications for police investigation. *International Journal of Offender Therapy and Comparative Criminology, 57*(12), 1454–1476. https://doi.org/10.1177/0306624X12456682

Beauregard, E., & Proulx, J. (2002). Profiles in the offending process of nonserial sexual murders. *International Journal of Offender Therapy and Comparative Criminology, 46*(4), 386–399. https://doi.org/10.1177/0306624X02464002

Bonino, S., Ciairano, S., Rabaglietti, E., & Cattelino, E. (2006). Use of pornography and self-reported engagement in sexual violence among adolescents. *European Journal of Developmental Psychology, 3*(3), 265–288. https://doi.org/10.1080/17405620600562359

Bowman, B., Whitehead, K. A., & Raymond, G. (2018). Situational factors and mechanisms in pathways to violence. *Psychology of Violence, 8*(3), 287–292. https://doi.org/10.1037/vio0000188

Brantingham, P. J., & Brantingham, P. L. (1993). Nodes, paths and edges: Considerations on the complexity of crime and the physical environment. *Journal of Environmental Psychology, 13*(1), 3–28.

Bridges, A. J. (2023). Pornography: Male Attitudes Toward Women. In: Shackelford, T.K. (eds) *Encyclopedia of Sexual Psychology and Behavior*, 1-12. Springer, Cham. https://doi.org/10.1007/978-3-031-08956-5_1872-1

Bronfenbrenner, U. (1979). *The ecology of human development: Experiments by nature and design.* Harvard University Press.

Canter, D. V., Bennell, C., Alison, L. J., & Reddy, S. (2003). Differentiating sex offences: A behaviorally based thematic classification of stranger rapes. *Behavioral Sciences & the Law, 21*(2), 157–174. https://doi.org/10.1002/bsl.526

Canter, D., & Heritage, R. (1990). A multivariate model of sexual offence behavior: Developments in 'offender profiling'. *The Journal of Forensic Psychiatry, 1*(2), 185–212. https://doi.org/10.1080/09585189008408469

Ceccato, V. (2014). The nature of rape places. *Journal of Environmental Psychology, 40*, 97–107. https://doi.org/10.1016/j.jenvp.2014.05.006

Ceccato, V., Li, G., & Haining, R. (2018). The ecology of outdoor rape: The case of Stockholm, Sweden. *European Journal of Criminology, 15*(4), 372–393. https://doi.org/10.1177/1477370818770842

Chambers, J. C., Horvath, M. A. H., & Kelly, L. (2010). A typology of multiple-perpetrator rape. *Criminal Justice and Behavior, 37*(10), 1114–1139. https://doi.org/10.1177/0093854810377971

Chivers-Wilson, K. A. (2006). Sexual assault and posttraumatic stress disorder: A review of the biological, psychological and sociological factors and treatments. *McGill Journal of Medicine, 9*(2), 111–118. https://www.ncbi.nlm.nih.gov/pmc/articles/PMC2323517/

Chopin, J., & Beauregard, E. (2019). Sexual Homicide: a Criminological Perspective. *Current psychiatry reports, 21*(12), 120. https://doi.org/10.1007/s11920-019-1107-z

Cohen, L. E., & Felson, M. (1979). Social change and crime rate trends: A routine activity approach. *American Sociological Review, 44*(4), 588–608.

Corovic, J., Christianson, S. Å., & Bergman, L. R. (2012). From crime scene actions in stranger rape to prediction of rapist type: Single-victim or serial rapist? *Behavioral Sciences & the Law, 30*(6), 764–781. https://doi.org/10.1002/bsl.2026

Croce, M. (2020). Moral understanding, testimony, and moral exemplarity. *Ethical Theory and Moral Practice, 23*(3), 373–389. https://doi.org/10.1007/s10677-019-10051-5

D'Abreu, L. C. F., & Krahé, B. (2014). Predicting sexual aggression in male college students in Brazil. Psychology of Men & Masculinity, 15(2), 152–162. https://doi.org/10.1037/a0032789

Davies, A., Wittebrood, K., & Jackson, J. (1997). Predicting the criminal antecedents of a stranger rapist from his offence behavior. *Science & Justice, 37*(3), 161–170. https://doi.org/10.1016/S1355-0306(97)72169-5

Diamond, M., Jozifkova, E., & Weiss, P. (2011). Pornography and sex crimes in the Czech Republic. *Archives of Sexual Behavior, 40*(5), 1037–1043. https://doi.org/10.1007/s10508-010-9696-y

Doan, B., & Snook, B. (2008). A failure to find empirical support for the homology assumption in criminal profiling. *Journal of Police and Criminal Psychology, 23*(2), 61–70. https://doi.org/10.1007/s11896-008-9026-7

Fairbairn, J. (2015). *Rape threats and revenge porn: Defining sexual violence in the digital age.* En M. L. Krook & S. Childs (Eds.), *Dealing with sexualized violence* (pp. 213–230). JSTOR. https://www.jstor.org/stable/j.ctt15nmj7f.13

Ferguson, C. J., & Hartley, R. D. (2022). Pornography and sexual aggression: Can meta-analysis find a link? Trauma, Violence, & Abuse, 23(1), 278–287. https://doi.org/10.1177/1524838020942754

Fernández Díaz, N., & Ortiz Trazar, M. (2019). *La pornografía no consentida como forma de violencia de género* [Tesis de licenciatura, Universidad de Chile. Repositorio Académico Universidad de Chile. https://repositorio. uchile.cl/handle/2250/170274].

Foubert, J. D., Brosi, M. W., & Bannon, R. S. (2011). Pornography viewing among fraternity men: Effects on bystander intervention, rape myth acceptance, and behavioral intent to commit sexual assault. Sexual Addiction & Compulsivity, 18(4), 212–231. https://doi.org/10.1080/107 20162.2011.625552

Foubert, J. D., Blanchard, W., Houston, M., & Williams, R. R., Jr. (2019). Pornography and sexual violence. In W. T. O'Donohue & P. A. Schewe (Eds.), *Handbook of sexual assault and sexual assault prevention*, 109–127. Springer Nature Switzerland AG. https://doi.org/10.1007/978-3-030-23645-8_7

González Rus, J. M. (2019). La medición de la criminalidad en España: problemas metodológicos y propuestas de mejora. *Revista Española de Investigación Criminológica*, 17(1), 1–20. Recogido de https://reic. criminologia.net/index.php/ojs/article/view/123, en octubre de 2025.

Gottfredson, M. R., & Hirschi, T. (1990). A General Theory of Crime. Stanford University Press.

Government Equalities Office (2020). The relationship between pornography use and harmful sexual attitudes and behaviors: Literature review. (J. Upton, A. Hazell, R. Abbott, & K. Pilling, Eds.). Londres: Government Equalities Office. Recuperado de https://www.gov.uk/government/ publications/the-relationship-between-pornography-use-and-harmful-sexual-behaviours

Gower, J. C. (1975). Generalized Procrustes analysis. *Psychometrika*, 40(1), 33–51. https://doi.org/10.1007/BF02291478

Grasmick, H., Tittle, C., Bursik, R., & Arneklev, B. (1993). Testing the core empirical implications of Gottfredson and Hirschi's General Theory of Crime. Journal of Research in Crime and Delinquency, 30, 5–29.

Häkkänen, H., Lindlöf, P., & Santtila, P. (2004). Crime scene actions and offender characteristics in a sample of Finnish stranger rapes. *Journal of Investigative Psychology and Offender Profiling*, 1(1), 17–32. https://doi. org/10.1002/jip.1

Hald, G. M., & Malamuth, N. M. (2008). Self-perceived effects of pornography consumption. *Archives of Sexual Behavior, 37*(4), 614-625.

Hald, G. M., & Malamuth, N. M. (2015). Experimental effects of exposure to pornography: The moderating effect of personality and the mediating effect of sexual arousal. *Archives of Sexual Behavior, 44*(1), 99–109. https://doi.org/10.1007/s10508-013-0117-4

Hald, G. M., Malamuth, N. M., & Yuen, C. (2010). Pornography and attitudes supporting violence against women: Revisiting the relationship in nonexperimental studies. *Aggressive Behavior, 36*(1), 14–20. https://doi.org/10.1002/ab.20328

Hales, S. T. (2023). Hostile Masculinity (HM): Confluence Model of Sexual Aggression. In: Shackelford, T.K. (eds), *Encyclopedia of Sexual Psychology and Behavior*, 1-4. Springer, Cham. https://doi.org/10.1007/978-3-031-08956-5_1136-1

Harkness, E. L., Mullan, B., & Blaszczynski, A. (2015). Association between pornography use and sexual risk behaviors in adult consumers: a systematic review. *Cyberpsychology, Behavior and Social Networking, 18*(2), 59–71. https://doi.org/10.1089/cyber.2014.0343

Hirtenlehner, H., & Leitgöb, H. (2021). Differential Self-control Effects: Moral Filtering and the Subsidiary Relevance of Self-control. *International Criminology, 1*, 91–106, https://doi.org/10.1007/s43576-021-00012-3

Hockett, J. M., Saucier, D. A., & Badke, C. (2015). Rape myths, rape scripts and common rape experiences of college women: Differences in perceptions of women who have been raped. *Violence Against Women, 22*(3), 307–323. https://doi.org/10.1177/1077801215599844

ISRD4 (2021) International Self-Report Delinquency Study [retrieved from: https://cssh.northeastern.edu/crj/international-self-report-delinquency-study-isrd/, recogido en octubre 2024].

Janosch, H., Pérez-Fernández, F., & Herrero, S. (2025). Asaltantes sexuales desconocidos para la víctima en la Comunidad de Madrid: Un análisis exploratorio a partir de sentencias condenatorias de la Audiencia Provincial. En H. Janosch González & F. Pérez-Fernández (Coords.), *Panorámica de los delitos sexuales en España* (pp. 43–85). Madrid: Dykinson. https://doi.org/10.14679/3933.

Janosch, H., Pérez-Fernández, F., Nut, D., & Marset, M. (2023). Asaltantes sexuales desconocidos para la víctima en España: Un análisis mediante escalamiento multidimensional (EMD) a partir de un análisis de sentencias. *Revista de Derecho Penal y Criminología, 3.ª Época*, (30), 395–411.

Janosch, H., Pérez-Fernández, F., & Popiuc, M. (2025). La baja moralidad personal y el bajo autocontrol predicen los comportamientos de agresión sexual contra mujeres cometidos por hombres residentes en España. En H. Janosch González & F. Pérez-Fernández (Coords.), *Panorámica de los delitos sexuales en España* (pp. 105–122). Madrid: Dykinson. https://doi.org/10.14679/3933

Janosch, H., Pérez-Fernández, F., Popiuc, M., & López-Muñoz, F. (2024). Relationship between low personal morality and impersonal sex with sexual aggression behaviors towards women in a sample of Spanish heterosexual men. *Journal of Asia Pacific Studies, 7*(2), 109–139.

Kingston, D. A., Malamuth, N. M., Fedoroff, P., & Marshall, W. L. (2009). The importance of individual differences in pornography use: Theoretical perspectives and implications for treating sexual offenders. The Journal of Sex Research, 46(2–3), 216–232. https://doi.org/10.1080/00224490902747701

Kohut, T., Landripet, I., & Štulhofer, A. (2021). Testing the confluence model of the association between pornography use and male sexual aggression: A longitudinal assessment in two independent adolescent samples from Croatia. Archives of Sexual Behavior, 50(2), 647–665. https://doi.org/10.1007/s10508-020-01824-6

Koss, M. P., & Oros, C. J. (1982). Sexual experiences survey: A research instrument investigating sexual aggression and victimization. Journal of Consulting and Clinical Psychology, 50(3), 455–457. https://doi.org/10.1037/0022-006X.50.3.455

Lundrigan, S., & Mueller-Johnson, K. (2013). Male stranger rape: A behavioral model of victim–offender interaction. *Criminal Justice and Behavior, 40*(7), 763–783. https://doi.org/10.1177/0093854812474451

Lundrigan, S., Weir, R., Newton, A., Agudelo, K., & Dhami, M. (2024). Patterns and predictors of stranger rape locations. *European Journal on Criminal Policy and Research, 30*, 181–209. https://doi.org/10.1007/s10610-022-09535-5

Makepeace, J. (1981). Courtship violence among college students. *Family Relations, 30*(1), 97–102, https://doi.org/10.2307/584242_

Malamuth, N. M. (2018). "Adding fuel to the fire"? Does exposure to non-consenting adult or to child pornography increase risk of sexual aggression? Aggression and Violent Behavior, 41, 1–9. https://doi.org/10.1016/j.avb.2018.02.013

Malamuth, N. M., Addison, T., & Koss, M. (2000). Pornography and sexual aggression: Are there reliable effects and can we understand them? Annual Review of Sex Research, 11(1), 26-91.

Malamuth, N. M., Hald, G. M., & Koss, M. (2012). Pornography, individual differences in risk and men's acceptance of violence against women in a representative sample. *Sex Roles: A Journal of Research, 66*(7-8), 427–439. https://doi.org/10.1007/s11199-011-0082-6

Moffitt, T. E. (1993). Adolescence-limited and life-course-persistent antisocial behavior: A developmental taxonomy. Psychological Review, 100(4), 674-701.

Pérez-Fernández, F & Janosch, H. (2025). La teoría de la acción situacional (SAT) a examen: Un enfoque para la tecnificación de la investigación criminológica. *Behavior & Law Journal, 11*(2), 1-15. https://doi.org/10.47442/blj.2025.149

Pérez-Fernández, F., Janosch, H., & Popiuc, M. (2023). Bajo autocontrol en hombres no-heterosexuales como predictor de comportamientos de agresión sexual contra mujeres. *Behavior & Law Journal, 9*(1), 65–79. https://doi.org/10.47442/blj.2023.100

Pérez-Fernández, F., Janosch, H., López, E., & López-Muñoz, F. (2025). Violencia sexual ejercida por desconocidos en Madrid y Barcelona: Un análisis situacional. *Revista Logos Guardia Civil, 3*(2), 171–196.

Pérez Ramírez, M., Sánchez López, M., Giménez-Salinas Framis, A., & de Juan Espinosa, M. (2018). Stranger rape: Classifying Spanish sexual offences using multiple correspondence and cluster analyses. *Journal of Sexual Aggression, 24*(2), 225–239. https://doi.org/10.1080/13552600.2018.1504554

Peter, J., & Valkenburg, P. M. (2016). Adolescents and pornography: A review of 20 years of research. Journal of Sex Research, 53(4-5), 509-531.

Pollard, P. (1995). Pornography and sexual aggression. *Current Psychology: A Journal for Diverse Perspectives on Diverse Psychological Issues, 14*(3), 200–221. https://doi.org/10.1007/BF02686908

Pratt, T. C., & Cullen, F. T. (2000). The empirical status of Gottfredson and Hirschi's general theory of crime: A meta-analysis. Criminology, 38(3), 931-964.

Prego-Meleiro, P., Recalde-Esnoz, I., Sordo, L., Del Castillo, H., García-Ruiz, C., Montalvo, G., & López-Cuadrado, T. (2024). Drug-facilitated sexual assault in youth nightlife contexts in Spain. *Public Health, 233*, 157–163. https://doi.org/10.1016/j.puhe.2024.05.022

Rapaport, K., & Burkhart, B. R. (1984). Personality and attitudinal characteristics of sexually coercive college males. Journal of Abnormal Psychology, 93(2), 216–221. https://doi.org/10.1037/0021-843X.93.2.216

Rosay, A. B., & Henry, D. (2008). *Final report: Alaska sexual assault nurse examiner study* (NCJ 224520). University of Alaska Anchorage, Justice Center. https://www.ojp.gov/pdffiles1/nij/grants/224520.pdf

Rostad, W. L., Gittins Stone, D., Huntington, C., Rizzo, C. J., Pearlman, D., & Orchowski, L. M. (2019). The association between exposure to violent pornography and teen dating violence in grade 10 high school students. Archives of Sexual Behavior, 48(7), 2137–2147.

Sell, K., Oliver, K. & Meiksin, R. (2023). Comprehensive Sex Education Addressing Gender and Power: A Systematic Review to Investigate Implementation and Mechanisms of Impact. *Sex Res Soc Policy* 20, 58–74. https://doi.org/10.1007/s13178-021-00674-8

Simpson, A. (2016). Moral Foundations Theory: Background, review, and scaffolding for future research. In V. Zeigler-Hill & T. K. Shackelford (Eds.), *Encyclopedia of Personality and Individual Differences*. Springer.

Skott, S., Beauregard, E., Darjee, R., & Martineau, M. (2019). The consistency of sexual homicide characteristics and typologies across countries: A comparison of Canadian and Scottish sexual homicides. *Journal of Sexual Aggression, 25*(2), 191–204. https://doi.org/10.1080/13552600.2019.1697831

Smith, O., & Skinner, T. (2012). Observing court responses to victims of rape and sexual assault. *Feminist Criminology, 7*(4), 298–326. https://doi.org/10.1177/1557085112437875

Stanley, N., Barter, C., Wood, M., Aghtaie, N., Larkins, C., Lanau, A., & Överlien, C. (2018). Pornography, sexual coercion and abuse and sexting in young people's intimate relationships: A European study. Journal of Interpersonal Violence, 33(19), 2919–2944. https://doi.org/10.1177/0886260516633204

Štulhofer, A., Kohut, T., Koletić, G. (2022). Pornography Use in Adolescence and Young Adulthood. In: VanderLaan, D.P., Wong, W.I. (eds) *Gender and Sexuality Development. Focus on Sexuality Research*, 385-431. Springer, Cham. https://doi.org/10.1007/978-3-030-84273-4_14

Sturidsson, K., Långström, N., Grann, M., Sjöstedt, G., Åsgård, U., & Aghede, E.-M. (2006). Using multidimensional scaling for the analysis of sexual offence behaviour: A replication and some cautionary notes. *Psychology, Crime & Law, 12*(3), 221–230. https://doi.org/10.1080/10683160500126227

Vega, V., & Malamuth, N. M. (2007). Predicting sexual aggression: The role of pornography in the context of general and specific risk factors. Aggressive Behavior, 33(2), 104–117.

Villena, A., Chiclana-Actis, C., & Mestre, G. (2023). Pornography use and violence: A systematic review of the last 20 years. Trauma, Violence, & Abuse. Avance en línea. https://doi.org/10.1177/15248380231173619

World Health Organization. (2023). *Policy on preventing and addressing sexual misconduct: Policy and procedures concerning sexual exploitation, sexual abuse, sexual harassment and all forms of prohibited sexual behaviour.* https://www.who.int/publications/m/item/WHO-DGO-PRS-2023.4

Wikström, P.-O. (2006). Individuals, settings, and acts of crime: Situational mechanisms and the explanation of crime. In P.-O. Wikström & R. J. Sampson (Eds.), *The explanation of crime: Context, mechanisms, and development* (pp. 61–107). Cambridge University Press.

Wikström, P. O. H., Oberwittler, D., Treiber, K., & Hardie, B. (2012). Breaking Rules: The Social and Situational Dynamics of Young People's Urban Crime. Oxford University Press.

Willis, M., Bridges, A. J., & Sun, C. (2022). Pornography use, gender, and sexual objectification: A multinational study. *Sexuality & Culture: An Interdisciplinary Quarterly, 26*(4), 1298–1313. https://doi.org/10.1007/s12119-022-09943-z

Woodhams, J., & Labuschagne, G. (2012). South African serial rapists: The offenders, their victims and their offences. *Sexual Abuse: A Journal of Research and Treatment, 24*(6), 544–574. https://doi.org/10.1177/1079063212438921

Wright, P. J., Tokunaga, R. S., & Kraus, A. (2016). A meta-analysis of pornography consumption and actual acts of sexual aggression in general population studies. Journal of Communication, 66(1), 183–205. https://doi.org/10.1111/jcom.12201

Wright, P. J., Tokunaga, R. S., Kraus, A., & Klann, E. (2016). Consumption of pornography, perceived peer norms, and sexual aggression: A meta-analysis. *Communication Monographs, 83*(4), 447–471, https://doi.org/10.1080/10410236.2015.1022936

Ybarra, M. L., Mitchell, K. J., Hamburger, M., Diener-West, M., & Leaf, P. J. (2011). X-rated material and perpetration of sexually aggressive behavior among children and adolescents: Is there a link? Aggressive Behavior, 37(1), 1–18. https://doi.org/10.1002/ab.20367

Ybarra, M. L., & Thompson, R. E. (2018). Predicting the emergence of sexual violence in adolescence. *Prevention Science, 19*(4), 403–415. https://doi.org/10.1007/s11121-017-0810-4

Zumba-Romero, D. K., & Soria-Carpio, C. E. (2023). *Valoración del testimonio de la víctima en delitos sexuales conforme la ley y jurisprudencia.* Revista Metropolitana de Ciencias Aplicadas, 6(S2), 89–100. https://www.redalyc.org/pdf/7217/721778126010.pdf

GRACIAS POR CONFIAR EN NUESTRAS PUBLICACIONES

Al comprar este libro le damos la posibilidad de consultar gratuitamente la versión ebook.

Cómo acceder al ebook:

☞ **Acceda a nuestra página web,** sección Acceso ebook (www.dykinson.com/acceso_ebook)

☞ **Rellene el formulario** que encontrará facilitando, el código de acceso que le facilitamos a continuación así como los datos con los que quiere acceder al libro en el futuro (correo electrónico y contraseña de acceso).

☞ Si ya es **cliente registrado,** deberá acceder con su **correo electrónico y contraseña habitual.**

☞ Una vez registrado, **acceda a la sección Mis e-books de su cuenta de cliente,** donde encontrará la versión electrónica de esta obra ya desbloqueada para su uso.

☞ Para acceder al libro en el futuro, ya sólo es necesario que se identifique en nuestra web con su correo electrónico y su contraseña, y que se dirija a la sección Mis ebooks de su cuenta de cliente.

CÓDIGO DE ACCESO

DYK187480

Rasque para ver el código